中等职业学校素质教育系列教材

礼仪规范教程

主 编 李 灵

电子科技大学出版社

内 容 提 要

本书是依据教育部颁布的相关教学指导方案编写而成。为了培养学生的礼仪规范意识，本书以礼仪的基本规范和要求为主线，分别介绍了学生仪容仪表礼仪、学生在不同场所的礼仪、交往礼仪的基本规范和要求，同时也介绍了我国和世界主要国家的节日及习俗的基本常识。

本书内容充实，资料丰富，实用性和可操作性强，可供中等职业学校、成人高校以及民办高校作为教材使用，也可作为社会青年、在职人员的自学读物。

前　言

根据《面向二十一世纪教育振兴行动计划》提出的实施职业教育课程改革和中等职业学校教学课程设置的要求，为了适应中等职业学校人才培养和素质教育的需要，我们根据教育部的要求编写了《礼仪规范教程》这本教材。

本教材适应了课程设置与教材编写对于科学性、针对性和规范性的要求，使教材更适合学科教学和行业发展的需要。在编写过程中，注重以礼仪规范为重点，突出教材的可操作性，在重视礼仪规范的同时，结合学生实际，有针对性地训练学生的日常礼仪行为。同时，教材在编写过程中也注意满足教学方法的灵活性和递进性，注重教材改革中，新知识、新信息、新要求、新规范的突出，使本书具有较强的时代感。在吸取相关知识的同时，还注意吸收国内外相关知识的新信息，努力缩短教材与行业之间的距离。

本书绪论和第六章由刘桦老师编写，第一、四、五章由贺文宁老师编写，第二、三章由李灵老师编写，第七章由刘桦、李莉两位老师共同编写。本书在编写过程中，得到相关行业的专家指正，得到成都礼仪职业中学的大力支持，在此谨向给予本书支持和帮助的同仁致以衷心的感谢。在编写中，我们参考、采纳了国内外专家、学者的多种论文专著，在此一并表示我们衷心的谢意。

编　者

2007 年 1 月

目　录

绪论

学习目标

了解礼仪的沿革和发展。

了解礼貌礼节与社会道德、精神文明的关系。

理解礼仪、礼貌和礼节的含义以及三者之间的关系。

认识礼仪对提高个人基本素质的作用。

认识礼仪对提高社会文明程度的重要性。

在现代社会中，生活的节奏越来越快，使得人们更需要轻松、愉快的环境。于是，当你离家上学、上班时，与家人的一声道别，会使双方都感受到一种亲切；当你进入学校、工厂、办公室，与同学、同事和朋友的一声寒暄、一句问候，会使双方都感受到一种和谐和温馨；当你在难忘的日子里，收到亲人、朋友的一份礼物，会让你感受到浓浓的情意；当你的一种失误，得到别人的谅解时，你会感到一种轻松；当你的言谈举止博得他人的赞赏时，你会感到一种自豪。

这些道别、问候、馈赠、谅解是什么呢?

一、礼仪的内涵

礼仪从广义的角度来讲，是人们在社会活动中的言行规范和待人接物的标志。礼仪是一种社会文化，是社会文明的标志，是衡量一个国家或地区道德水准高低的尺度，也是反映社会的精神面貌和开化的程度。从狭义的角度来讲，礼仪指的是政府机构或社会组织及个人在一种正式活动和一定环境中采取的行为、语言等规范。礼仪无论是从哪个角度来讲，都是指一种尺度和规范。对整体来讲，礼仪是指一个民族、国家、地区的道德水准的高低；对个体来讲，礼仪是指一个人的综合素质的高低。

如果我们把这种规范落实在个人身上，个人所表现出来的行为，我们便称之为礼貌。礼貌指人与人之间在相互交往接触中，表示尊重、友好的一种规范行为，它包括语言和行为两个方面。礼貌能体现一个人的文化层次和文明程度，也能体现时代的风尚和人们的道德水准。

礼貌是一个人在待人接物时的外在表现，这种表现需要一种形式，而这种形式我们称之为礼节。礼节是人们在日常生活中，特别是在交际场合中，相互问候、致意、祝愿、慰问以及给予必要的协助与照料的惯用形式，它是礼貌的具体表现。

礼貌是礼节的内涵，礼节是礼貌的具体表现，它们之间的关系是相辅相成的。有礼貌而不懂礼节，在人际交往中容易失礼；懂礼节而缺乏礼貌，在人际交往中缺乏诚意。在我们的生活中，有的人对别人虽有恭敬、谦虚之意，但在与别人交往时却显得手足无措，甚至让人感到木讷呆板，这是不能自如地运用礼节的缘故；有的人虽然懂得各种礼节的运用，但是在施礼时却缺乏诚意，也会让人觉得做作，这些行为都是没有真正理解礼貌、礼节的结果。在礼貌、礼节的表现过程中，我们应该做到：敬人要心敬，内心和动作要协调；礼貌不是客套，礼节也不是矫揉造作，它需要两者有机地结合在一起。否则，在人际交往中会给人留下虚伪、

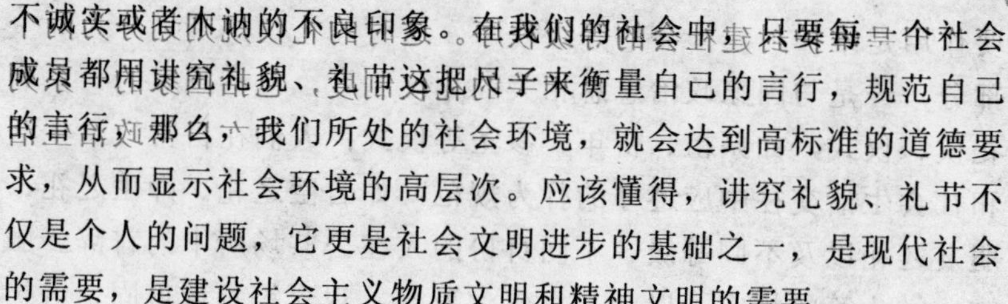

不诚实或者木讷的不良印象。在我们的社会中，只要每一个社会成员都用讲究礼貌、礼节这把尺子来衡量自己的言行，规范自己的言行，那么，我们所处的社会环境，就会达到高标准的道德要求，从而显示社会环境的高层次。应该懂得，讲究礼貌、礼节不仅是个人的问题，它更是社会文明进步的基础之一，是现代社会的需要，是建设社会主义物质文明和精神文明的需要。

二、礼仪的沿革及演变

礼仪作为一种社会文化，在长期的社会发展中随着社会性质的变革而发生过多次重大的变革。礼仪曾作为人类进入文明社会的标志，又曾经作为政治体制、典章制度用来治国，还曾作为等级社会中维护等级秩序的准则。礼仪的发展经历了“礼”和“礼仪”两个时期。

“礼”，最早起源于原始社会中的宗教信仰。在原始社会中，人们对各种自然现象不能理解，认为有种超自然的力量主宰着自然界的一切。于是人们就把这种超自然的力量神圣化，对它顶礼膜拜，希望能避祸致福。汉代许慎在《说文解字》中说：“礼，履也，所以事神致福也。”这说明，礼在原始社会是“事神致福”的一种仪式。从字的起源来看，礼的繁体字“禮”左边是“示”，引申为神，右边是祭物，也说明在原始社会里礼的原意为敬神的意思。

进入奴隶社会后，礼的宗教色彩并没有减弱，而是进一步地法定化、神圣化，甚至推广到社会生活的各个领域，以此来划分等级、规定名分、规范人们的行为。例如在商代，不同等级的人只能使用相应等级的生活用具，如果一般人使用了统治者专用的器具，那就是大逆不道。又如在西周，穿衣戴帽都要体现出“礼”。从此，原始社会神秘的“事神致福”的礼俗，逐渐演变为统治者维护自己统治地位的工具，小至个人行为、社会生活习惯，大至国家政治体制、典章制度都贯穿一定的礼，并且根据礼而进行。

到了封建社会，礼的演变进入了“礼仪”的时期。礼仪的主

要作用是维护封建社会的等级秩序。这时的礼仪规则划分为两个部分，一是与国家政治息息相关的礼仪制度，包括国家的一系列礼仪、仪式，如祭祖、祈年、参圣等仪式；人们在日常政治生活和社会生活交往中应遵守的行为规范，如君臣之礼、师生之礼、朋友之礼以及不同等级、不同身份的人在公共场所中的言辞、服饰、举止等的规定。以此从思想、道德、观念等领域巩固、维护封建统治，对稳固封建统治起到特殊作用。二是礼仪向家庭迅速扩延，如祖孙之间、父子之间、夫妻之间、婆媳之间、主仆之间等的礼仪区分，封建的统治阶级领悟并总结出了治国必先治家、治家必先修礼。即修身（礼）—齐（治）家—治国—平天下的道德伦理。家庭礼仪的出现，是统治者利用人们对祖辈、父辈正常的感情，把人们的行为导向符合封建统治者所希望的轨道，用礼仪规则加以正统化、固定化。我国的封建礼仪主要是以儒家的伦理规范作为指导，渗透着理学的人生观和处世哲学。

儒学的礼仪主要来源于三礼，即《周礼》、《仪礼》和《礼记》。这三礼是研究我国古代礼仪思想、制度的重要参考资料。我国在世界上享有“礼仪之邦”的美誉，许多礼仪都源于这三礼。它虽然是我国几千年封建社会的重要精神支柱，但对我国现代社会仍有着极为重要的影响。

鸦片战争以后，随着西方资本主义国家的入侵，西方的政治、经济、文化思想也逐渐渗入到我国的社会生活中。我国近代的仁人志士在介绍西方的文化、科技的同时，也把西方的礼仪引入我国，一些西方流行的礼节在我国被接受和运用，如我们今天普遍使用的握手礼、敬礼等礼节。辛亥革命以后，经过几十年的努力，旧礼仪中的糟粕部分被摈弃，代之而兴起的是符合现代社会道德、思想伦理观念的新礼仪。这样，我国的礼仪在保留了东方特点的基础上，又融入了世界现代礼仪的新内容，促进了中华民族和世界各民族的友好交往。

随着我国改革的不断深入和经济的发展，国内外的经济、文化和社会交流活动日益密切，礼仪在现代社会生活中的作用显得尤为重要。由于现代社会的需要，使得我国的礼仪在继承了我国优良传统的基础上，增加了许多新的、符合国际惯例的内容，形成了新的特点和新的内涵。它不仅反映了我国人民的文化素质，体现了社会物质文明和精神文明的需要，还展示了在特定的历史条件下的道德规范和传统文化习惯，同时，一些传达人们真实情感，能被对方准确领会，又符合礼貌规范的行为也逐渐成为新的礼节形式。

我们在理解现代礼仪的含义时，应该认识到：礼仪是一定社会以及处于一定关系中的人们共同认可的行为规范；礼仪是维系和发展人际关系的，也必然随着人际关系和其他各种关系的发展而发展；礼仪是一种情感互动的过程，在礼仪的实践过程中，既有施礼者的控制行为，也有受礼者的反馈行为，是施礼者和受礼者尊重互换、情感互动的过程；礼仪的目的是为了实现社会交往各方的互相尊重，有效地展现施礼者和还礼者的教养、风度与魅力，是个人学识、修养和价值的外在表现。

今天，我们在创造和谐社会的同时，礼仪还会不断地发展。它将朝着更加约束人们的随意行为，更加符合社会道德水准，更加显示社会文明的方面发展。现代礼仪的内容主要包括以下两点。

（1）社会公德，即社会全体成员为维护社会正常活动而共同遵守的公共生活准则。救死扶伤、尊老爱幼、爱护公物、遵守秩序等便是社会公德的具体表现。

（2）行为规范和职业道德，即人们的社会行为的基本要求和各行业从业人员的道德准则。如中学生日常行为规范、从业人员职业道德、窗口行业服务规范、接待服务工作行为规范等。

三、讲究礼仪的意义

讲究礼貌礼节是指人际交往中相互尊重、联络感情和增进友谊的行为，是一个人公共修养的外在表现。一个人的修养一般能表现出他所处的社会环境的文明程度和社会的精神风貌，而社会

的文明程度和精神风貌又是社会公德的外在表现，也就是说，一个人讲究礼仪，既是个人道德修养的表观，又是社会文明礼貌与社会公德的表现。同时，个人讲究礼仪又能促进人们的道德修养的提高，更多的社会成员讲究礼仪又能促进社会公德的形成与维护。因此，每个人都讲究礼仪，对个人的健康成长、对社会良好风气的形成与维护具有重大的意义。

早在古代，我们的祖先就懂得礼在社会环境中的地位。《管子》一书就明确地提出："礼义廉耻，国之四维。"古人把礼列为立国四精神要素之首，其突出的社会作用是不言而喻的。《弟子规》一书中，明确地提出"刻薄语、秽污词、市井气，均戒之"。更是要求古人在社会环境中修身养性，以礼纯洁自己的言行，净化社会。

作为现代人，更应该懂得怎样用自己的言行创造一个文明知礼的生活环境的道理。如果每个人都能以现代礼仪规范来约束自己，人人都养成以礼处世的行为习惯，那么就可以形成一种具有约束力的道德力量。社会成员都应按社会道德要求将自己的言行纳入符合时代的轨道，自觉按社会要求调整自己的言行，选择符合社会风尚的言行。从这个意义上讲，文明礼貌的实质是从社会的角度对社会成员心灵上的"立法"，并用这种"法"去规范社会成员的行为。

养成讲究礼貌礼节的行为习惯，是培养每个社会成员自身道德水平的基本途径之一。每个人的礼貌礼节行为又是社会道德的基础，必将促进社会公德的提高。讲究礼仪是建设和谐社会的需要。

讲究礼貌礼节的行为是一种文明的行为，而文明是人类历史发展的产物，反映了人类的进步。人和动物的区别，除了会说话、会劳动以外，就是人讲究情感和礼貌礼节。礼貌礼节是人类脱离野蛮和愚昧的表现。在社会大家庭里，人人都希望得到别人的尊重，希望自己是一个彬彬有礼、有风度、有气质、受欢迎的人。这也是人的一种高于物质的需要，即精神需要。精神需要首先要对自己的言行进行规范。只有当你尊重别人的时候，别人才会尊重你。如果我们人与人之间的关系都能以“严于律己，宽以待人”为准则，那么每个人都会在这种环境中得到一种精神满足，人与人之间的关系就会显得协调和温馨。

讲究礼仪是从事工作的需要。我们将来无论从事何种工作，都要与人打交道，种种社交活动都是为了搞好本职工作，而要想搞好本职工作，都必须讲究礼仪。因此，讲究礼仪是我们从事工作的基本条件之一。例如，从事接待服务的人，其工作的对象是人，面对各种各样、不同层次的人，要求接待服务人员必须具备较全面的礼貌礼节常识和较高的道德修养。当你进行接待服务工作时，只有规范的程序和礼貌的服务，才能给服务对象留下美好的印象；只有礼貌服务，才能满足服务对象的心理需要。如果你在接待服务工作中，态度上傲慢无礼，表情上冷若冰霜，行动上例行公事，就会引起服务对象的反感，导致这种交往的失败，甚至会让对方望而却步，断绝交往。

四、学习现代礼仪知识的基本途径

礼仪是衡量自身综合素质高低的尺度。一个高素质的现代人更需要掌握古今中外的礼仪知识和不同的礼仪规范，以免在社交中发生因不懂礼仪，而出现失礼的行为。比如怎样与人相处，才能给别人留下好印象；在社交场合中怎样才叫彬彬有礼，有风度；怎样修饰自己才美；哪些交往应该运用哪些礼节等等。各行各业的从业人员，还应该精通行业礼仪规范要求，才能更好地做好本职工作。了解礼仪知识，明确礼仪要求，我们必须继承、发扬中华民族优良的礼仪传统。

我国是世界闻名的礼仪之邦。中国古代的很多传统美德、中华民族优良的礼仪传统至今被世人称颂、继承和发展。如我国古代“尊老爱幼”、“言行一致”、“严于律己，宽以待人”等礼貌传统仍是我们现代礼仪知识中的重要内容。现代人更应该用中华礼仪的精华来增进我国公民之间的和谐度，增进我们和外国友人之间

人际交往的融洽度，为世界范围内的人际交往注入新的内容。

学习现代礼仪主要有以下五个方面的途径。

（1）掌握现代礼仪标准。在我们生活的社会中，由于每个人都有着不同的生活环境、性格特征、文化层次、成长经历，因此，每个人总会表现出个人的随意性。如果社会交往中充满个人随意性，那么就不可能营造出安宁、和谐的环境。要让所有的社会成员都有一个轻松、和谐的环境，每个社会成员就必须把自己不符合社交环境需要的随意性，以同一尺度、同一标准来进行约束和规范。这个尺度、标准，就是礼仪。社会成员学习积累礼仪知识的过程，就是掌握这个标准的过程。掌握礼仪标准，是讲究礼仪的前提。

（2）提高道德修养。在不断提高自己文化知识的同时，还要不断提高个人的道德修养，以及对自我情操的陶冶。作为学生。我们要培养自己广泛的兴趣，系统学习中外礼仪常识、中国民俗风情、世界民俗民情，扩大视野，丰富内在，为自己今后参加各种社交活动在知识上、理论上、心理上作好充分准备。这是学习礼仪的根本途径。

（3）提高辨识美的水平。提高自己对美的鉴赏力和欣赏水平，自觉地按美的规律来认识生活和改造周围的环境。这是学习礼仪的重要途径之一。

（4）加强外在素质的训练。加强对个人外在素质的培养，如培养良好的体态，规范的姿势，刻意纠正各种不雅观的举止等。这是学习礼仪的重要途径。

（5）在实践中形成运用礼仪规范的习惯。学习礼仪知识，核心在于运用，在于实践，在于形成良好的行为习惯。这就要求我们从自我做起，把学习礼仪与《中学生日常行为规范》结合起来，在学校、在家里、在社会生活中勇于实践，在实践中不断自觉纠正自身不符合社交环境的言行举止，以礼仪规范为准则，修正自己的行为习惯，让自己的行为符合道德环境的要求。

第一章 礼仪与道德概述

学习目标

了解礼仪与道德的内涵。

理解礼仪与道德的关系。

英国哲学家约翰·洛克说过："礼仪是在它的一切别种美德之上加的一层藻饰，使它们对它具有效用，去为他获得一切和他接近的人的尊敬和好感。"

礼仪与道德有着密切的联系，有德才会有礼，缺德必然无礼，礼仪是人类社会为了维系社会的正常生活而共同遵守的最起码的道德行为规范。明确礼仪与道德的关系，对于不断提高学生的道德水平是十分重要的。

一、礼仪与道德的内涵

道德是一定社会或阶级调整人和人之间以及个人和社会、阶级、国家、民族之间关系的行为准则和规范的总和。

道德可分为社会公德、职业道德和伦理道德三个方面。

共产主义道德是现时代人类的最高道德，在社会主义社会生活的伦理道德要求中，它属于最高层次、最高要求。

在社会主义现阶段，道德建设的普遍要求是：热爱祖国、热爱人民、热爱社会主义、热爱中国共产党，相信科学、热爱劳动，讲职业道德，能顾全大局，以集体主义原则处理国家、集体和个人的关系；在处理人际关系上，诚实、友爱、互相帮助，勇于同不良现象作斗争；在家庭婚姻关系上，主张男女平等、家庭和睦、尊老爱幼，等等。

礼仪，作为一种社会行为规范和准则，属于社会公德的内容之一，也是道德的外在形式。

通常，一个有道德的人，往往是一个知礼、守礼、行礼的人。同样，一个人在任何时候、任何场合，对任何对象都能体现礼仪的风范，那么这个人对于自己的道德要求必然是十分严格的。

因此，我们在加强自身礼仪修养的同时，必须提高自身的道德修养，以高尚的道德修养作为自身礼仪修养的基础。

二、礼仪与道德的关系

道德是礼仪的基础，礼仪是道德的外在表现形式，二者是相

辅相成的关系。

礼仪能显示出一个人的道德修养和文化素质，以礼待人、按礼行事，是一个人道德高尚的反映。同时，礼仪能促使人们修身养性、完善自我。礼仪是评价一个人道德修养水平的标准之一。

人们之所以讲究礼仪，并非只是因为喜欢其表面形式，而是更看重礼仪所包含的道德内涵。有道德修养的人，才会有得体的礼仪形式。

任何一种礼仪都离不开道德，见面时的礼节、称呼，会谈时的态度、言辞等都反映了一个人的道德水准。良好的礼仪能体现人的高尚的道德修养，使他获得人们的尊敬和好感，实际上，也只有优良道德修养的人，才会有得体的礼仪形式和优雅的仪表风度。

礼仪依赖于道德，又对道德品质的培养有很重要的作用。良好的礼仪来自美德，来自丰富的精神宝库；良好的礼仪是一个人美德的具体展现，是高尚的美德闪烁出的绚丽光彩，是一个人的魅力所在。

礼仪还具有重要的道德功能。礼仪能引导人们的道德修养，显现人们的道德精神，保证道德原则的实施。

因此，礼仪和道德是相辅相成的。良好的礼仪，高尚的道德修养，不是一朝一夕可以达到的，它需要不断学习，扩展视野，积累知识，以及日常的培养和训练。

读一读

《北京青年报》报道：

张秉贵是北京百货大楼已故全国劳动模范，1955年11月到百货大楼站柜台，30多年的时间接待顾客400万人，没有跟顾客红过一次脸，吵过一次嘴，没有怠慢过任何一个人。他把为人民服务的信念与本职工作密切联系起来，他认为："站柜台不单是经济工作，也是政治工作；不但是买与卖的关系，还是相互服务的关系。”“一个营业员服务态度不好，外地人会说你那个城市服务态度不好，港澳同胞会感到祖国不温暖，外国人会说中华人民共和国不文明。我们真是工作平凡，岗位光荣，责任重大！”

从为国家争光、为人民服务的政治信念出发，他练就了“一抓准”和“一口清”的过硬本领，通过眼神、语言、动作、表情、步伐、姿态等调动各个器官的功能，几乎成了那个时代商业领域的服务规范，商业服务业的简单操作，被他升华为艺术境界。

在北京，传统的“燕京八景”名扬天下，而张秉贵售货艺术被人们誉为“第九景”。张秉贵不仅技术过硬，而且注重仪表，天天服装整洁，容光焕发。他认为：“站柜台就得有个干净利落的精神劲，顾客见了才会高兴地买我们的东西。特别是我们卖食品的，如果不干不净，顾客就先倒了胃口，谁还会再买我们的东西啊！”他坚持每周理发，每天刮胡子、换衬衣、擦皮鞋。

张秉贵一进柜台，就像战士进入阵地。普通售货员一般早晨精神饱满，服务态度较好；下午人疲倦了，不太爱说话了，也懒得动弹，对顾客就容易冷漠。张秉贵却不然，从清晨开门接待每一个顾客，到晚上送走最后一个顾客，自始至终都能春风满面，笑容可掬。他到了退休年龄，体力明显不济，但一上柜台还是表现得生龙活虎。到了下班后，他却往往步履蹒跚。同志们说他是“上班三步并作一步走，下班一步变为三步迈”。

看张秉贵工作，也成了许多人的享受。有一位拄着拐杖的老人，经常来欣赏他卖货。这位老人对他说：“我是因病休息的人，

想一想

阅读了上面的文章，体会“礼仪行为常常就是一种道德行为的映射，道德是礼仪的基础，礼仪是道德的表现形式”这句话的真正含义。

每天来看看您站柜台的精神劲儿，我的病也仿佛好了许多。”一位音乐家看他售货后说：“你的动作优美，富有节奏感，如果配上音乐，是非常动人的旋律。”

（一）礼仪与社会公德

社会公德指一个社会中全体成员都必须遵守的借以维护社会正常生活秩序的各种行为规范的总和。社会公德是人们最起码的公共生活准则，是人类生活、人际关系中的一个基本问题。

社会公德也是社会文明程度的重要标志。社会公德是人类世世代代调整公共生活中人与社会关系的经验的结晶，社会公德是人们通过长期社会实践形成的，为了共同利益而代代相传和不断完善的优良传统。社会公德最突出的特点是在许多不同的国家、地区里，其本质是相同的，这也反映了人类追求文明与进步的共同要求。

社会公德的内容十分丰富，它涉及人类社会生活的每一个方面。从整体上来说，社会公德主要包括以下三个方面。

（1）反映人们共同利益的道德规范。

（2）人道主义精神。

（3）人类共同行为准则。

社会公德就像一个道德天平，时时刻刻都在衡量着社会中的真、善、美与假、恶、丑。

公民意识和公德水平是人的现代化素质的核心内容。目前，我国正处于由传统向现代化转变的社会时期，社会过程的顺利实现，最终依赖于人的素养的现代化，依赖最具有现代化素养的人，因此，应请每个人把自己的道德水平与民族的利益联系起来，这样就会产生一种使命感，就会充分认识到提高自身公民意识的意义，主动追求道德水平的提升。

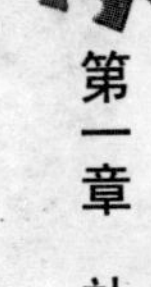

（二）礼仪与职业道德

职业道德指各类职员在从事职业活动中所必须遵守的各种行为规范的总和。

职业道德与社会公德息息相关，从某种意义上说，职业道德属于社会公德的有机组成部分，二者在内容上有着许多相同之处。在各种职业道德中都包含着社会公德的因素，如热情周到、以礼相待、诚实待人等，这既是职业道德的要求，也是社会公德的内容。

职业道德是人们在长期的职业活动中逐渐地总结积累起来的，它对于协调社会组织与职员之间的关系，约束和规范职业工作者的思想观念和行为，乃至调整职业之间的关系，都起着重要作用。职业道德也是提高社会文明程度的一个重要因素。

职业道德的内容因职业不同而有所差异，但其本质是相同的。无论从事何种职业，都必须忠于职守，爱岗敬业，热情服务，诚实待人，讲求信誉，尊重人权，无私奉献，不谋私利，作风端正，态度和蔼，廉洁奉公，遵纪守法，文明礼貌，互敬互助，谦虚谨慎，仪容整洁等。目前我国各行各业都指定了相应的职业道德规范，例如，教师职业道德规范、全国职工守则、医生职业道德规范、公务员职业道德规范、科技工作者职业道德规范、商业工作者职业道德规范、新闻工作者职业道德规范、服务行业职业道德规范、外事工作者职业道德规范、学生守则、城市市民守则等。

以上我们可以看出，讲究礼仪是职业道德的基本要求。只有掌握一定的礼仪规范，才能提高职业道德修养。

（三）礼仪与伦理道德

伦理道德是人们在长期的社会交往中，约定俗成的一套大家所公认的行为准则与规范。

礼仪是社会交往的必然产物，是调整和规范人际关系的一种行为规则，是伦理道德的重要的组成部分。

中国传统礼制中的伦理道德主要体现在以下三个方面：

（1）提倡尊长爱幼。

（2）忠君孝亲、尊卑贵贱的登记制度。

（3）维护人伦关系。

中国传统的伦理道德有其消极的因素，同时也有其积极进步的因素。我们在日常生活中，应汲取传统伦理道德中的合理成分，提倡人人平等、尊老爱幼、宏扬家庭美德等。同时我们应摈弃传统礼制中的消极因素，如男尊女卑、盲目忠孝君亲、森严的等级制度等。

讲究礼仪是人们在社会交往中互相尊重、联络感情、增进友谊的行为，也是加强道德修养的需要，是人们道德修养的外在表现。

只有加强道德修养，才能使礼仪更加持久、更加规范、更加深入人心。

一方面，我们要通过不断学习，提高自身的文化知识素养，做有道德、有修养、有文化、有知识的现代人。

另一方面，我们还要通过各种形式，营造一个文明的生活环境、社会环境，使人们生活在整洁幽雅、文明健康的社会之中，培养并提高人们的文明意识。

读一读

日本是个经济大国，也是高度注重文明的国度。当 1997 年亚运会在日本广岛结束时，6 万人的会场上竟没有一张废纸。全世界的报纸都登文惊叹："可敬可怕的日本民族！"就因为没有一张废纸，令全世界惊讶。

1998 年世界杯足球赛在法国举行。据报道，因为赛会方面的丑闻，日本数千名交了钱的球迷抵达图鲁兹赛场后却无票进场，但他们不骂不闹，服从东道主的安排，在体育场外

通过大屏幕观赛。更令人感动的是，转播结束后，工作人员清理现场时，同样没有发现一点垃圾，所有的废物都被日本人自备的塑料袋带走了。日本队在第二场比赛中以0:1输给克罗地亚队后，在场的日本球迷一边流着伤心的眼泪，一边向法国工作人员鞠躬致谢，没有一个人泄愤闹事。

《给道德"补钙"》

场景 1：某年国庆节升旗仪式后，人群散去，整个广场满地是废纸，被风刮起，四处乱飞。

场景 2：近几年来，我国某些服务行业采取国外的管理方式，设立了一米黄线，即某一顾客在购票、存款或享用服务时，后面的顾客应站在一米线后，以方便每个顾客，尊重每个顾客的隐私权，有效地保障了顾客的人身财产安全。可是，目前的一米线很多形同虚设，这说明人的文明素养有待提高。

场景 3：在公共场所，吸烟现象屡禁不止，挤公共汽车、出口伤人、随地吐痰、乱扔杂物、见死不救等现象也时有发生。

请每个同学对照上述行为自我解剖一下，看看自己的公德在哪些方面还有不足，给自己出一些"补钙"的"药方"。希望大家都来提高和强化自己的公民意识，从身边的小事做起，时时处处讲究礼仪。

"一个国家，只有当它的人民是现代人，它的国民心理和行为上都转变为现代的人格，它的现代政治、经济和文化管理中的工作人员都获得了某种与现代化发展适应的现代性，这样的国家方可真正称为现代化的国家。

——美国著名社会学家A.英格尔斯

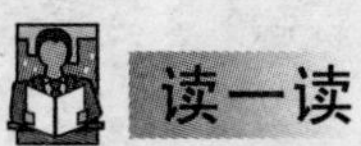

读一读

李娟大学毕业后，到一个日本独资企业应聘时，面试经理问她：“你在家里对你的父母说过谢吗？”

李娟回答：“没有。”

面试经理说：“你今天回去跟你的父母说声‘谢谢’，明天你就可能来上班了。否则，你就别再来了。”

李娟回到了家，父亲正在厨房做饭，她悄悄走进自己的房间，面对着镜子反复练习：“爸爸，您辛苦了，谢谢您！”

其实，李娟早就想对父亲说这句话了，因为她看到了父亲是多么的不容易：自己两岁时，母亲就去世了，父亲为了不使她受委屈，没有再娶妻子，小心翼翼地呵护自己长大成人。心里一直想说“谢谢”，但就是张不开嘴。李娟暗下决心，今天是个机会，必须说出来！就在此时，父亲喊到：“娟子，吃饭啦！”

李娟坐在饭桌前低着头，脸憋得通红，半天才轻声地说出：“爸爸，您辛苦了，谢谢您。”

李娟说完之后，爸爸没有反应，屋内一片寂静。李娟纳闷，偷偷抬眼一看，她的父亲泪流满面！这是欣喜之泪，这是慰藉之泪，这是企盼了20年的话所带给他的感动之泪。此时，李娟才意识到：自己这句话说得太迟了。

第二天，李娟高高兴兴上班去了。经理看到李娟轻松的神情，便知道她已经得到了早该得到的东西，没有再问其他的，就把李娟引到了工作岗位上。

课后练习

1. 收集几则中国古代有关文明礼貌的佳话，并向周围的人宣讲。

2. 向大家介绍一段你周围的人继承中华民族讲究礼节礼仪传统美德的故事

3. 请就以下两个问题进行讨论：

（1）礼仪与职业道德有怎样的关系？

（2）职业学校的学生掌握礼仪礼节的重要意义何在？

第二章 礼仪与学生素质

学习目标

了解礼仪与学生思想道德素质形成之间的关系。

了解礼仪对学生人文素质形成的影响。

了解礼仪在学生职业素质形成中的重要作用。

在台湾有这么一所独特的学校：学生年龄在15～18岁之间，它与众不同的地方在于它没有工人，没有保卫，没有大师傅，一切的必要工作都由学生自己去做。学校实行学长制，三年级学生带一年级学生。在这所学校里管理的重要法宝就是强化礼仪教育与强大的道德约束。学校每年因违反校规校纪而被开除的学生约为二三百人（每年有3000多学生）。

在这样的教育与约束下，学生能够做到全校集合只需3分钟，学生见到老师7米外就会敬礼。学生没有寒暑假作业，但学生却都能以优异的成绩完成学业。

这就是台湾享誉30年的以礼仪道德教育为本的忠信高级工商学校。

在这所学校的道德教育中，礼仪起到了哪些作用？

一个文明知礼的学习环境，对学生的学业有什么样的影响？

一、礼仪是学生思想道德素质的基本体现

道德指人们共同生活及其行为的准则，是一个人在社会生活中做人与做事的规矩和道理。

学生思想道德素质是学生品德教育的重要内容，它通过学生的社会公德意识和行为、环境道德意识和行为、传承中华民族优良道德传统以及学生在日常学习和生活中的基本行为规范和初步树立的职业道德观等方面加以体现。

礼仪具有反映社会道德关系，体现社会道德标准的功能，因此，礼仪是学生道德素质的基本体现。

讲究礼仪是一个人公共道德修养的外在表现。一个严于律己、宽以待人的人，往往能从他的待人接物、仪表仪态、气质风度、谈吐教养等行为举止方面表现出高尚的礼仪，这是他内心所具有的高尚道德和文化素养的自然反映。

在中共中央国务院颁布实施的《公民道德建设实施纲要》中，也将“明礼诚信”作为公民首先应当具备的道德，由此可见礼仪修养对一个人道德形成的重要作用。

随着经济的发展，在物质文明建设日趋发达的今天，更需要我们有一个文明知礼的生活和学习环境，更要求学生要成为“有道德、有修养、有文化、有学识”，懂得遵守并维护社会公德的人。

中华民族素有“礼仪之邦”的美称，中华民族的传统美德教育中，对“礼”的教育和理念，有很多可以成为我们今天学习的典范。我们要发扬和继承中华传统美德，学生尤其要在尊师重教、勤奋学习、尊老爱幼、勤俭朴素、勤劳勇敢等方面不断完善自己，使自己成为讲究礼仪的表率，使礼仪成为促进我们发展的重要手段。

青年人应当不伤人，应当把个人所得的给予各人，应当避免虚伪与欺骗，应当显得恳挚悦人，这样学着去行正直。

——夸美纽斯

为人粗鲁意味着忘却了自己的尊严。

——车尔尼雪夫斯基

一个人的美不在于外表，而在于才华、气质和品格。

——马雅可夫斯基

真正的礼貌来自真诚。

——塞缪尔·斯迈尔斯

礼仪的目的与作用本在使得本来的顽梗变柔顺，使人们的气质变温和，使他尊重别人，和别人合得来。

——约翰·洛克

读一读

程门立雪

宋代有个叫杨时的人，是理学家程颐的学生。杨时 40 多岁时到洛阳去拜见程颐，当他与另一位同学来到程颐家的时候，天下起了大雪，程颐正在睡午觉。为不打扰老师的休息，他们就站在门外静静地等候，直到程颐醒来。这时雪已经下了一尺多深，这就是流传至今的“程门立雪”的故事。

想一想

从师必须尊师。这是几千年来，我国一直延续着的优良礼仪传统，流传着许多佳话。同学们，当代学生应该怎样尊师呢？

讲究礼仪要求学生们在社会生活和学习中，不断提高自己的行为规范，使自己举止优雅，言谈文明，衣着得体，待人有礼，使自己严格遵守《学生日常行为规范》的要求，成为遵规守纪的具有良好规则意识的现代公民。

讲究礼仪要求学生还要不断了解各行各业的职业道德规范，了解职业岗位对员工待人接物的要求，了解职业岗位对员工的责任感、责任意识和服务能力的要求，为今后走上职业岗位树立良好的职业道德奠定基础。因此，每个学生都应当率先加强自身的道德修养，用礼仪、礼节、礼貌来造就和推动社会秩序和社会风气，用礼仪文化来促进社会文明的发展。

二、礼仪是学生人文素质形成的重要基础

有些人认为，我天生豪放，不拘小节，没有什么必要去学那些文绉绉的礼仪；有些人认为，礼仪对外不对内，同自己的家人、密友、熟悉的朋友根本不需要什么礼仪。

其实，礼仪就学科性质而言，应当属于人文学科，是一门实践性和操作性很强的应用科学。

现实生活中，每个人都必然会参加交际活动，都会在学习和生活中时时刻刻与人交流和交往，每个人都希望自己获得成功，而礼仪正是帮助人们实现成功交际的一门科学。通过礼仪学习，不断提高学生的审美能力、与人合作的能力、团队意识和协调能力，以及与人交往的技巧与意识，从而不断培养学生的人文素养。

读一读

一次，一架民航客机即将着陆时，机上乘客忽然被通知，由于机场拥挤，无法降落，预计到达时间要推迟 1 个小时。顿时，机舱里一片抱怨之声。几分钟后，乘务员宣布，再过 30 分钟，飞机就会安全降落，乘客们如释重负地松了口气。

又过了5分钟，广播里说，现在飞机就要降落了。虽然晚了十几分钟，乘客们却喜出望外，纷纷拍手相庆。

想一想

在这个飞机晚点的案例中，为什么乘客们不但不厌烦，反而异常兴奋呢？

取来三杯水：一杯温水、一杯热水、一杯凉水。将手先放在凉水中，再放到温水中，去感受温水的水温；然后将手先放在热水中，再放到温水中，去感受温水的水温。同一杯温水，人们感觉到的水温却不一样，为什么？

同一杯温水，出现了两种不同的感觉，这就是冷热水效应。这种现象的出现，是因为人人心里都有一杆秤，只不过是秤砣不一致，也不固定。随着心理的变化，秤砣也在变化。当秤砣变小时，它所称出的物体重量就大，当秤砣变大时，它所称出的物体重量就小。人们对事物的感知，就是受这秤砣的影响。在刚才的小故事中，空中乘务员就是充分地运用了人际交往中的冷热水效应，达到了安抚旅客的作用，体现了高超的人际交往艺术和服务技巧。

古人认为，世事洞明皆学问，人情练达即文章。这句话，讲的其实是交际的重要性。一个人只要同其他人打交道，就不能不讲究礼仪。

通过礼仪，可以帮助所有的人更好地规范交际活动，更科学地表达自己的情感，使交际活动更能增进彼此的了解和信任，使参与交际的个体能更准确地把握交际双方的情感信息、友好尊重，并在此过程中不断地提高自己参与社会的能力、人际交往的能力、塑造美和创造美的能力，从而造就更和谐的人际关系，取得交际的成功。这些都是一个人不断提高人文素质的重要基础。

三、礼仪是学生形成职业素质的重要基础

学生是社会主义事业的建设者和接班人。作为未来职业领域中的一员，必须在学习生活中不断地培养和树立自己的职业意识，增强职业素质。

读一读

小张原是南海一家从事五金生产业务的工厂的办公室文员，月收入有1000元。虽然并不算多，但她还是挺满足的。然而好景不长，不久，小张就失去了这份工作。

原来，小张被老板安排在办公室任文员，主要工作是负责接电话，为客户开单，购置一些办公用具等，工作并不复杂也不累。小张很珍惜这份工作，每天下班后都主动留在办公室加班。因为善于交际，她有很多朋友，他们下班后也总喜欢来找小张玩儿，对此，老板并不介意。但有一次，老板回到办公室时，遇到小张和她的朋友，小张没有将老板介绍给朋友认识，而是自顾自地干自己的活，她的两个朋友也没有和老板打招呼，气氛在片刻之间变得很尴尬。随后，两个朋友起身走了。因为这件事，小张失去了这份工作，老板说，她不懂得一些办公应酬的基本礼仪，不懂得尊重老板，不懂得在外人面前树立老板的威信，不具备在办公室做文员的职业素质。

想一想

小张是因为什么原因给老板留下了职业素质不够强的印象的?

作为一个文明社会的职业人员，每天都不可避免地要同各种各样的人打交道，对人以礼相待，可以使相互陌生的人在最短的时间内达成沟通和信任。作为学生，了解与人见面怎样介绍自己和他人、初次求职面试时，该怎样穿着打扮、怎样给用工者留下好印象、怎样快捷地与人沟通、怎样的语言能够获得他人的理解、如何运用技巧化解矛盾等，都是自己必须了解并掌握的基本知识

和技能，能够为今后走进职场奠定基础。

由于各种职业的社会性质和社会地位不同，决定了每一种职业在职业规范上往往都会有着自己的特殊要求。

每一种规范要求，都要求从业者形成与之相对应的能力和技巧。每一种职业，都包括体现自己的社会地位与社会关系的三大要素：责、权、利。

责，指各种职业都必须承担一定的社会责任，例如，遵守职业规则，承担社会义务，与其他职业进行有序的合作等。

权，指各种社会职业都拥有一定的职权，也就是社会权利。这些职权是社会公共权利的一部分。

利，体现的是社会职业中一定的利益关系，每个人在工作行业中都要处理这些可能产生矛盾的利益集结点，如个人利益、集体利益、国家利益、服务对象利益等。

职业中的责、权、利要求每个人要有了解和遵守职业规则的能力，有承担社会义务、与人沟通合作的能力，有勇于牺牲的精神和服务大众的良好心态。这些，都是学生职业素质培养的重要内容。

礼仪对于学生今后在职业岗位上更好地树立服务人民的思想、培养良好的工作作风、提高职业道德素质和职业修养等方面都有重要的作用。

“冰冻三尺，非一日之寒。”用这句话来总结和体现职业人员的职业素质应该是比较贴切的。职业素质体现在职业素养之中，没有平日的严格要求和精心训练，很难形成。

修养体现于细节之中，细节展示人的素质的高低。学生只有重视礼仪修养，注重礼仪学习，不断地在学习和生活中积累与人交流的经验、培养为人服务的美德、树立正确的利益观和职业价值观，才能为职业素质的形成奠定基础。

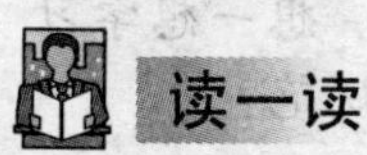

读一读

孔融四岁能让梨

孔融是孔子的第 20 代孙，东汉时的文学家。他有兄弟 7

人。他 4 岁的时候，就懂得谦让之礼。一天，别人给他家送来了一筐梨，孔融很自觉地挑了一个小的自己吃，把大梨都让给哥哥们。大人问他为什么这样做，他说：“哥哥们大，应该吃大的，我是小弟弟，应该吃小的。”孔融让梨的故事至今仍被传为美德。

想一想

4 岁的孔融能让梨，而现在一些孩子却以“我最小，大家都该让着我”为由在家里一味要求长者对自己谦让，你能谈谈你的感受吗？

课后练习

1. 礼仪与学生思想道德素质之间的关系是什么？

2. 什么是职业素质？礼仪与学生职业素质的形成有什么关系？

3. 从尊师重教、勤奋学习、尊老爱幼、勤俭朴素、勤劳勇敢等中华优秀的礼仪传统方面，说出你所知道的故事或者我们身边的榜样。

4. 以求职为例，讨论礼仪对一个人职业素质形成的重要影响。

5. 说一说你怎样理解“礼仪是学生人文素质形成的重要基础”的？

社会实践

选择一个行业，了解他们的职业道德规范。想一想学习礼仪可以帮助我们树立怎样的行业意识和行业规范？

第三章 学生仪容仪表礼仪

学习目标

了解学生仪表美的基本原则，理解注重仪表在学生礼仪中的重要意义。

了解仪容修饰的基本要领，学会得体地修饰和正确地化妆。

了解学生着装的基本规范，学会正确地根据场合进行穿戴。

掌握学生在学习生活和工作场合中正确的着装规则。

意大利著名画家达·芬奇说："精神应该通过姿势和四肢的运动来表现。"在人际交往的过程中，人的举手投足、言谈举止都能体现出人的精神风貌和素质修养。人的动态的、静态的、语言性的、非语言性的外在表现形式都能从一个侧面反映出他的礼仪水平。

在人际交往和学习生活中，一个有气质、有风度的人，他就能具有更强的吸引力，从而获得更多成功的机会。

第一节 仪表概述

仪表指人的外表或外在形象，是一个人的精神面貌和内在素质的外在表现。从广义上说，这种外在形象包含多种因素，这些因素的相互结合，相互统一，便构成了仪表。

一、构成仪表的主要因素

通常，仪表包括三个主要因素：天然因素、外饰因素和行为因素。

天然因素指人体的自然资质，包括人的五官、脸型、头发、身材、四肢等，也就是人们长说的长相，它主要是由遗传因素决定的。

外饰因素指通过人工的方法修饰自己后所形成的一种外观形象，如服装服饰、美容化妆等。外饰因素能在一定能程度上对自己的长相起到美化功能。

行为因素指人们在一定思维、情感和意志支配下的活动，包括人的姿态、表情、举止、谈吐等。一个人如果能有效地把握和控制自我行为，就可以给人一种温文尔雅、文质彬彬、谦虚随和、规范有序之感，从而给人留下更好的总体印象。

应该清楚的是，一个人的仪表不是由上述三个条件单纯地决定的，即一个人的仪表绝不能简单地看成是生理条件问题、穿戴和妆饰问题，也不是简单地从外表去看他的举手投足的形式，而是与他的道德品质、思想修养、文化素质和生活情趣密切关联的。

气质是一个心理学名词，它是人的心理特征之一。古希

腊医生希波克拉底从人体的体液出发，认为人体内4种体液的不同组合最终决定了人的本性，尔后此说经古罗马医生盖仑补充，遂正式提出了人的气质分成四种类型：多血质、胆汁质、黏液质、抑郁质。多血质的人活泼好动，反应敏捷，喜欢与人交往，注意力容易转移，兴趣容易改变。胆汁质的人直率热情、精力旺盛，情绪容易激动，心情变化剧烈。黏液质的人安静稳重、反应缓慢，善于忍耐，情绪不易外露。抑郁质的人性情孤僻、行动迟缓，但有时能察觉到别人不易察觉到的细小事物。气质无好坏之分，其形成与人体的血、黏液、黄胆汁、黑胆汁等四种液体的多少有关。

纯粹是某一种类型气质的人很少，绝大部分的人都是混合类型的。

二、学生仪表修饰的重要意义

学生以纯真和自然为最美，青春活力是装扮自己形象的最佳饰物。当然，作为一个未来的职业人，了解必要的仪表修饰知识，也是十分必要和重要的。

（一）仪表美是学生良好精神风貌的基本体现

学生是成长中的新一代，其精神风貌、修养水平直接代表着一个国家未来发展的希望。

学生的精神风貌是集道德认知、文化修养等为一体的一个综合衡量指标，能够通过学生为人处世的态度、言谈举止的内容和方式、衣着打扮的审美取向等间接反映出来。

懂得并注重仪表修饰的同学，能在学习和生活中不断完善和提高自己，使自己言谈文雅、待人有礼、仪表得体、举止规范，从而体现出中学生良好的精神风貌。

（二）注重仪表美是学生自尊自爱的重要表现

每个人都有尊重自我的需要，也有获得他人关注与尊重的需要。但是，满足这些需要的前提是自身是否值得尊重，即自身是否存在可被尊重之处。一个衣冠不整、不修边幅、憔悴潦倒的人会给他人一种生活懒散、作风拖沓、责任感不强的感觉，这样的人是无法获得他人的尊重的。只要是热爱自己和生活、富于理想、作风严谨的人，就会主动地增强责任感，就会注重仪表、举止端庄，就会通过良好的精神风貌来体现出他自尊自爱的良好品格，就会在生活中不断地去发现美、传播美、缔造美。

（三）仪表美是社会对尊重他人的首要要求

注重仪表是讲礼节、有礼貌的表现，是对他人的尊重。

心理学家的研究表明，在人际交往中，一个人与陌生人见面时，往往会在短短的几秒钟内对这个人作出评价。这项研究告诉了我们第一印象在人际交往中的重要性。

当我们在进行人际交往的时候，往往会把对方留给自己的第一印象作为对方对自己尊重与否、重视程度的判断依据。

当我们在交往中，希望给他人留下良好的第一印象并取得他人对我们的尊重时，就更应当注重这种以尊重赢得尊重的形式，因此，我们更加应当注重仪表美，使我们在交往中更加顺利地沟通，更好地赢得信任和尊重。

三、学生仪表美的基本原则

（一）讲究整洁卫生

一个国家公民的卫生习惯是衡量一个国家文明程度的重要标志，《中学生守则》中也将讲究卫生作为学生必须遵守的基本规范，因此，整洁卫生是树立良好个人形象的首要条件。

通常，讲究整洁卫生的基本要求是：注重清洁卫生、养成良好的卫生生活和卫生交际的习惯，树立整洁干练的美好形象，使自己在交往中精神振作、干净爽朗，使交往对方感到愉悦并获得对方的好感和信任。

（二）打扮合体适度

服饰打扮必须符合自身的特点，依据自身的身体条件和身份。

学生在追求仪表美的同时，一定不要以流行作为衡量标志，而要根据场合、地点、气候以及自身的综合条件来装扮自己。例如，学生去学校上学，就不能穿着过于成人化，避免暴露和过于前卫；当学生进入职业选择和面试时，就应避免过于天真和休闲，而应当选择和即将应聘的岗位相适应的装扮，给人以成熟稳重的可信任感。

（三）强调和谐统一

仪容仪表之美是一种整体和谐的美，这种美既要和自身的身份相协调，也要和周围的环境相协调，既要使自己的美在环境中体现出来，又要使整体达到统一的和谐。

当一个人的仪容仪表从整体上表现出和谐并与周围的环境达到一定的统一时，就更能体现出仪表美的魅力。

曾经有过这样的有趣实验，科学家们把人们公认的世界最美丽的男性五官和女性五官分别组合在一起，结果却拼凑出了一个长相平常甚至奇怪的“男人”和“女人”。这就是说，一个个被割裂的美并不是一个完整的美。

真正懂得美的人，会综合考虑自身所处的实际环境和现实条件，用色彩、线条和款式将美和谐地统一于一身，从而塑造出和谐统一的美。只有具有良好修养，并经过长期的生活积累的人，才能使自己得心应手地运用这种和谐统一的美。

（四）注重修养内涵

仪表美是一个人审美情趣的外在表现，是一个人内在美与外

在美的和谐统一。有的人虽然穿着亮丽，但却举止粗俗，这样的人很难给人以真正的美感。

我们应当认识到，真正的仪表美，是一个人内在素质的自然流露。一个人只有在文明礼貌、文化修养、道德情操、知识才能等方面都不断地得到提高，才能在举手投足间体现出良好的仪表美，否则，只有外表的华丽却没有内涵做基础，就会使人感到“金玉其外，败絮其中”。

（五）体现清新自然

学生时代是一个人一生中最值得珍惜的一段时光，它充满着憧憬和幻想，充满着青春和活力，它的单纯、它的洁净，无不成为人的生命中最美丽的回忆。

在学生的仪表美的情感属性中，自然而然地会流露出人的情感倾向，从而展示出他的价值观取向。

学生清新自然的装扮能给人真实淳朴、亲切善良的感觉，能反映出学生良好的品德修养；相反，装扮过于华美或成人化，修饰过于浓重，会使人觉得刺眼，让人产生反感。

因此，我们在追求仪表美的时候，既要正视自身的优点和长处，适度地尊重自己的个性特点，更要大方自然、清新得体。

第二节　仪容修饰礼仪

仪容，通常指一个人的外貌。有些时候，人们也会将仪容称之为容貌。实际上，一个人的容貌，在他的整体仪容中，的确处于显著的地位。不可否认，容貌在一个人的日常生活中往往能影响他人对自己的印象，有时甚至会起到举足轻重的作用。特别是在某些特殊的职业岗位上，在用工过程中会把员工的容貌作为非常重要的择员条件，直接影响和决定着一些员工的职业生涯。

我们应当正视的是，容貌的美有一部分决定于先天的遗传因素，但并不是说没有完美容貌的人就不能正常地工作学习和生活。事实上，一个在仪容方面有先天优越的人，如果过分地自恃其长，而不注重后天的维护，都有可能在生活和工作中因此而遭遇失败。

完美的容貌可以通过适当的修饰、美容、化妆以及后天的努力来得以形成。修饰和维护对于仪容的优劣往往起着一定的作用。同时，保持积极向上、健康奋进的精神状态，也能使容貌之美更趋于完美。

仪容的修饰包括对面部的修饰、发部的修饰、肢体的修饰以及人们的化妆和体味等。

一、面部的修饰

面部又称面孔、脸部和脸面。通常，面部主要指头的前部，上至额头、下到下巴的这一部分。人的五官均位于面部，是一个人面部最引人注目的地方。

在人际交往时，人的仪容中最容易被人注意的，往往是人的面部。人的面部在人际交往中有着重要的作用。

因此，我们应当随时对自己的面部进行必要的整理与修饰，应当养成习惯并自觉坚持，绝对不能得过且过，不拘小节。

从具体规范上讲，学生对自己面部的修饰与整理，应当以简朴端庄、干净整洁、卫生健康和青春活泼为基本要求。

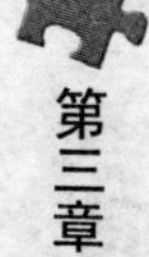

（一）简朴端庄

学生的面部应当简朴端庄。所谓简朴，指学生在整理、修饰面部时，切忌过度雕琢、浓妆艳抹，要简练、朴素；所谓端庄，指学生在整理面部时，要以端正、庄重为标准，忌过分花哨、过度轻浮。

（二）干净整洁

学生的面部应当干净整洁。干净整洁指面部清洁。要做到面部干净整洁，每个学生都应当持之以恒地养成一些好习惯，在面部的修饰上注重细节，不厌其烦。

1. 洗脸

常常有这样的情况，匆忙跑进教室以后才发现脸上、嘴角边还残留着早餐的残汁，这样的情形是令人非常尴尬的。同样，如果脸上常带着灰尘、污垢、汤汁，一定会给人一种又懒又脏的不良印象。因此，勤洗脸也是保持面部干净的重要环节。每天除了早、晚洗脸外，应尽可能地在吃东西或运动后对脸部进行清洁。

2. 清洁眼部

每天早晨起床后，眼角常会有分泌物，如不加以清除，不仅给人一种萎靡不振的感觉，而且极其不雅。另外，如因需要进行眼部化妆后，也应及时整理或清洁，要特别避免黑眼圈的出现。对于使用眼镜的学生还应注意，眼镜也是眼睛的重要组成部分，镜片的清洁同样是眼部清洁的重要环节。

3. 清洁口、耳、鼻

口、耳、鼻是人的五官的重要部位，应时刻保持其清洁。

口的清洁指清除口角周围的唾液、飞沫、食物残渣和遗留在牙齿中的不雅物质等。尤其是清理牙缝中的食物残渣时，要注意以手遮掩，随时发现，随时清除。

耳朵的清洁往往被人忽视。学生运动量大，跑动多，灰尘往往在身体外露的部分存留。因此，需要清洁耳朵的后跟、耳朵内部等，使它们一尘不染。

鼻子的清洁对学生尤其重要。要使自己不留鼻屎，随时清除鼻涕等不洁物质。

（三）卫生健康

学生的面部要求卫生，并体现出健康向上的精神风貌，因此，在日常生活中对面部的修饰时，要特别注意讲究卫生，注重健康，防止疾病。

（四）青春活泼

学生的面部修饰要符合其年龄段的特殊要求，应当体现出青春活泼的特点。所谓青春活泼，指在修饰时要明快大方，体现出时代的特点，体现出学生的朝气和活力。

二、发部的修饰

发部的修饰指人们依照自己的审美习惯、自身特点而对头发所进行的清洁、修剪、护理和美化等过程。学生在进行发部护理时，要了解头发的特点和学生发型的基本规范，使自我爱好和规范要求结合和统一。

（一）清洁头发的要领

对每个人而言，清洁头发都是对头发进行保养的重要手段，也是我们在人际交往中能否保持整洁，给他人留下良好印象的基本保证。

头发的清洁包括自觉的清洗、定期的修整和及时的梳理。任何一个环节的疏漏，都有可能因为头发的原因而破坏整个仪容美。这其中，头发清洁的正确方法，应该是每个学生都应当了解和掌握的常识。

首先要选择与自己发质相适应的洗发用品，其次是在清洗头发的过程中要把握好以下三个步骤：

（1）洗头前将头发梳顺，梳理头发的一般规则是从里向外，从后脑向前梳。

（2）用温水浸泡头发，然后用洗发用品进行清洗，在清洗时不要用坚硬的指甲用力抓挠头皮，否则易产生头屑。

（3）用温水冲洗干净，太热的水会导致头发失去光泽。

柔软的头发，用质地较软的梳子；普通的头发，用中度软硬的梳子；粗密的头发，用质地较硬的梳子；易打结的头发，用大齿梳子；头发多的人，用小齿梳子。

（二）头发的保养与食物美发

情绪是最重要的美容师。头发的保养和护理也要注重情绪的调节。有时候，情绪的波动会影响头发的生长，引起脱落。

饮食也是头发保养的重要形式。饮食不均或缺乏营养，都有可能导致脱发。因此，美发也要从健康的身体开始。

不同发质的头发所需要的食物营养也不同。例如，油性头发的人需要补充蛋白质，多吃蔬菜和水果，尽可能地少吃肥腻和辛辣的食物。

自己做做美发师

告诉你两个食物美发的好方法，不妨试一试。

1. 两个鸡蛋清加两汤勺葡萄酒打匀，按摩进头发内，并在头发上停留20分钟，再用干净的温水洗净，用毛巾擦干。

2. 将柠檬汁倒入温水中洗头，可使头发乌黑、光亮、有弹性。

（三）发部的造型

经过清洗、修剪、梳理后，人们的头发通常会按照自己的主观意愿呈现出一定的形状。所谓发部的造型，指头发在经过一定修饰之后所呈现出来的形状，亦称发型。

一个人的发型选择，往往要考虑多种因素，如年龄、性别、民族、宗教、身材、脸型、发质、性格、服饰、时尚以及职业等。

人们在选择具体的发型时，一般会综合平衡，悉心考虑的，否则就很难达到完美的发型效果。

对于学生而言，选择发型首先要考虑的因素就是自己的身份，选择的发型要和学生的身份相符合。

1. 颜色要自然

作为东方人，黑头发是最具有东方韵味的自然美。

学生的发型要以头发的本色作为基础来进行修饰，这样才能体现出学生的纯真和青春。一味地追求时尚而染发等，都是不符合学生身份的，我们应当坚决杜绝。

2. 长短要适合

学生选择发型时，要考虑长短适合得体。学生在为自己选择发型时，首先要符合学校的规定。

具体地说，女生要以齐耳短发到长发为最美，长发的女生在学校生活中应将头发束起，不能披头散发；过于男性化的女性头发在学生中不宜提倡。男生应以寸头或平头为最佳，不能留披肩长发，不能剃光头。此外，男生的头发应该做到前发不覆额头，侧发不掩耳朵，后发不触衣领。

3. 风格要庄重

学生在选择发型时，还应当有意识地使其体现出庄重而青春活泼的整体风格。庄重的风格才与学生的身份相称，才能使自己得到同学、老师和家长的认可。

发型与脸型

1. 圆脸型：特点是脸面的长度与宽度几乎均等，而两颧骨之间是最宽的部分。将头发向后直梳只会强调出你想遮盖的圆度。适合的发型：若是短发，就配上在头顶处头发浓密

的发型；若是长发，则将颈部的头发浓密起来，以转移别人注意圆度的视线。

2. 椭圆脸型：特点是前额宽于下颌，颧骨是最惹人注意的重点，而脸庞则从颧骨位置开始适度地修削至微尖的卵型下颌。适合的发型：许多发型都能衬托这样的脸型，关键就在于简单，而不应选择蓬松的发型破坏完美的脸型。

3. 正方脸型：特点是具有方形的前额，同颧骨和腮边一样宽，而方形脸有腮骨是其显著的特征。适合的发型：一排横过眼眉的小束形刘海，这样能弱化方角感，卷曲和波纹会转移别人对角形边旁的视线。

4. 三角脸型：特点是前额宽而颧骨高，两颊修削至尖小的下颌。适合的发型：配上长至肩部，蓬松的发型，使前额看起来修长。

5. 长方脸型：特点是前额、颧骨和腮边同宽。适合的发型：斜角的刘海或两旁浓密的发型都可以产生阔度上的错觉。

三、肢体的修饰

肢体的修饰指的是对四肢进行的修饰。在一般的交际场合中，人的四肢因为动作最多，经常会备受关注。

（一）手臂

手臂是人际交往中动作最多的部分之一。手臂的修饰可以分为手掌、肩臂和手臂汗毛三个部分的修饰。

1. 手掌

在日常生活中，手是接触他人、其他物体最多的部位，从清洁、卫生、健康的角度来考虑，应当勤于清洁手。

手指甲应当定期修剪并保持干净，学生尽量不留长指甲，这不仅是卫生的需要，也是安全相处的需要，而且，长指甲看上去不美观。指甲的修剪要和手指尖的形状配合，长度以不超过指尖为宜。

要克服手指的一些不良动作习惯，如有些学生喜欢用嘴啃指甲，有些学生喜欢用手去撕扯指甲周围产生的死皮。这些动作不仅不雅观，而且极不卫生。

2．肩臂

修饰肩臂，最重要的就是着装时肩臂的露与不露。这要严格区分场合，依照具体情况决定。学生在学校读书时应避免过分暴露肩臂。

3．手臂汗毛

因个人生理条件的不同，有个别人手臂上汗毛长得过浓、过长。即便这样，只要能找到合理、有效的方法进行修饰，也是不会影响整体的仪表形象的。

在他人面前，尤其是在异性面前，腋毛是不能让对方看见的，学生着装更应注意这一点。在正式活动场合一定不要穿会令腋毛外露的服装，在非正式场合，如果要穿暴露肩臂可能使腋毛外露的服装，务必要先脱毛。

（二）腿部

修饰腿部，应当从三个方面入手，即脚部、大腿和小腿以及汗毛。

1．脚部

从社交礼仪的角度说，在正式场合是不允许光脚穿鞋的。这样穿着既不美观，又有可能让人产生误会。不仅如此，一些可能使脚部过于暴露的前卫时尚的拖鞋式凉鞋、皮鞋等，都应该慎重选择。作为学生而言，从身体健康发育的角度说，应尽量选择平底鞋。

我们还要注意保持脚部的卫生。鞋子、袜子要勤换勤洗。尤其是运动量较大的学生，必须做到天天洗脚、换袜。

脚趾甲要勤于修剪，不能长于脚趾尖，尤其不能让其顶破袜子。

2. 大腿和小腿

在正式社交场合，男士是不允许着装暴露小腿的，即不允许男士穿短裤；女士可以穿裙子、长裤，不能穿短裤，或者是暴露太多的超短裙。在正式场合，女士的裙长应达膝部以下。

女士在正式场合穿裙子时，不允许不穿袜子光着大腿，尤其不允许光着的大腿暴露在裙子之外。

学生的着装也应遵循上述规定，男女生都应避免穿短裤到学校，女生的裙装应在膝盖以下。当学生着学生职业套装时，女生要穿长筒袜。

3. 汗毛

因为男性雄激素分泌的缘故，成年男子腿部汗毛大多过重，所以在正式场合中有不允许男士穿短裤的规定。有些女士也会汗毛过重，可以采用脱毛法脱去汗毛，或者选择颜色相对较深的丝袜加以遮盖。

四、化妆与修饰

随着社会的发展，人们对美的追求和认识水平逐步提高，化妆已经成为很多成年女性日常生活中仪容修饰的重要内容。在她们看来，化妆就如同家中有客人来访前，对家里进行清扫以表现对客人的尊重一样，出门或工作前化妆也表现了一个人的爱美意识和对他人的一种礼貌。

尽管如此，人们在爱美、追求美和实现美之间仍然存在着某些认识上的误差。怎样化妆，就成了一门重要的学问。

有位化妆师说过：“最高明的化妆术，是经过非常考究的

化妆，让人家看起来好像没有化妆过一样，并且这化出来的妆与主人身份的匹配，能自然表现那个人的气质与个性。次级的化妆是把人突显出来，让她醒目，引起众人的注意。拙劣的化妆是一站出来别人就发现她化了很浓的妆，而这层妆是为了掩盖自己的缺点或年龄的。最坏的一种化妆，是化妆后扭曲了自己的个性，又失去了五官的协调，例如小眼睛的人画成了浓眉，大脸蛋的人成了白脸，阔嘴的人画了红唇……"可见化妆的最高境界是无妆，是自然。

想一想

说说你对"化妆的最高境界是无妆"的理解？

（一）自然是美化仪容的最高境界

要做到化妆的自然，使有妆若无妆，就必须要学会选择最适合自己的化妆品，掌握正确的化妆技巧，在化妆的过程中要一丝不苟，讲究过渡和层次，做到点面到位，浓淡相宜。

（二）美观漂亮是美化仪容的最终目的

漂亮、美丽、端庄的外观仪容是形成良好的社交形象的重要因素之一。每个人都渴望自己在社交中能变得更加美丽动人，但是，如果一个人不懂得正确的化妆方法和要求，只是一味地给自己添脂抹粉，这样做不仅不美观，而且还丑化了自己的形象。因此，重视美观就是要了解自己的脸型及各部位的特点，在化妆的过程中扬长避短，才能使自己的容貌变得更加迷人。

（三）协调是美化仪容的关键

化妆过程中的协调包括以下几个方面。

（1）化妆中所讲的协调，首先指的是妆面的协调，即化妆部位的色彩搭配、浓淡协调，所化的妆针对面部个性特点，整体设计协调。

（2）要讲究全身的协调，即脸部的化妆要和发型、服饰相协调，力求取得完美的整体效果。

（3）要注重角色的协调，要求在化妆时充分考虑自己在社交中扮演的不同角色，采用不同的化妆品和化妆手法，使不同职场的从业人员表现出与职场相一致的不同气质。

（4）要和所从事活动的场合相协调，使人们的日常生活妆、工作妆、宴会妆等各有特点。

想一想

1. 以下场合的化妆应该有什么样的特点？

（1）教师在学校的化妆

（2）出席晚间的舞会、宴会的化妆

（3）参加追悼会的化妆

（4）周末郊游的化妆

2. 以下职业的人的化妆应有什么不同？

（1）公务员

（2）演员

（3）旅游服务人员

3. 学生有必要了解化妆吗？学生在学校里应该化妆吗？为什么？

（四）化妆的技巧

1. 妆前准备

洁肤　用适合自己皮肤的洗面奶、清洁霜或者洗面皂清洁面部的污垢及油脂，有些皮肤还需要定期用洁肤水清除枯死细胞皮屑，然后进行按摩并涂上有营养的化妆水进行调理。

护肤　根据皮肤质地、季节特点和化妆的时间需要，选择膏霜类护肤品轻涂在脸上，并进行简单的按摩，帮助皮肤吸收，使皮肤柔滑，并有效地防止化妆品与皮肤直接接触，起到护肤的作用。

修眉　根据需要进行修眉。用眉钳、小剪等修整眉形并拔除多余的眉毛，使眉毛更加符合脸型的特点。

2. 施妆过程

粉底　粉底有各种色调，要选择与肌肤相接近的粉底，用海绵板或手指指腹从鼻子处向外均匀涂抹，在涂抹过程中注意脸部的细节部分，在头与脖子的衔接处逐渐减淡，使粉底过渡自然。在涂抹粉底的过程中要特别注意，粉底是改善肌肤的色泽和质地，掩盖肌肤瑕疵的一种调剂手段，但不等于越厚越好，尤其不能让粉底成为一个人的假面具，给人一种仿佛随时会掉落的感觉。

画眉毛　先用眉毛刷自下而上地将眉毛梳理整齐，然后用眉笔顺眉毛生长的方向一道道轻描，从眉头起至三分之二处为眉峰，描眉至此应有自然弧度，然后向眉尾处渐淡。描眉结束后不要忘记用眉刷顺眉毛生长方向再刷几遍，使眉毛看上去更加自然。

画眼影　眼影用什么颜色、用多少颜色、如何用，是因人、因事而异的。东方女子同西方女子相比，眼窝浅且多眼袋浮肿，因此不能照搬西方女子喜爱的蓝色、红色眼影。较适合的有珊瑚色、朱红色、橘色、灰色等。一般深色眼影刷在最贴近上眼睫毛处，中间色刷在稍高处向眼尾处晕染，浅色刷在眉骨下。用眼影棒或粉刷取上适合的眼影，轻轻沿 45 度方向涂在上眼皮上并向眼尾处抹匀，并可在眼头或眼尾处加以强调，以达到不同的效果。

画眼线　眼线要贴着睫毛根画，浓妆时可以稍宽一些，淡妆时可以稍细一些。上眼线内眼角方向应该淡而细，外眼角方向则可以加重，至外眼角时向上挑一点，达到把眼角上提的效果。

刷睫毛膏　先用睫毛夹子将睫毛向上、向外卷夹成形，然后用睫毛刷从睫毛根到睫毛尖刷上睫毛液。如果想使睫毛显得更浓一些，可以在睫毛液干后再刷第二、第三遍。刷完后不要忘记用睫毛刷上的小梳子将粘在一起的睫毛梳开，使其自然。

抹腮红　腮红应抹在一个人微笑时面部形成的最高点，然后由此向耳朵上缘方向抹一条，并将边缘晕开。如果需要对脸型进行矫正时，可以用腮红和阴影粉进行配合达到目的。如果在宽鼻梁两侧抹浅咖啡色，鼻梁正中抹上白色，会增强鼻子的立体感，达到使五官看上去更性感、现代的感觉。又如两腮较大者，可用深色腮影刷出满意的脸型，并将突出的两腮用腮影遮盖；颧骨较高者，可在颧骨四周涂深色腮影，腮边及两鬓则可涂上浅色腮影。

定妆 用粉扑蘸上干粉轻轻地、薄薄地、均匀地扑到妆面上，以使妆面柔和并吸收粉底多余的光泽，既能使妆面更自然，又能达到定妆的作用。结束后，用大粉刷将妆面上的浮粉扫掉。

上口红 先用唇线笔勾画唇廓，再用唇膏涂在勾画好的唇廓内。口红的颜色应当与服装及妆面协调。为了使口红色彩持久，可用纸巾轻抿一下口红，然后扑上透明粉饼后再抹一次口红。

3. 妆后检查

妆后检查是化妆后非常重要的一个环节，绝对不容忽视。检查内容包括以下几点。

（1）检查左右是否对称。如左右侧的弧度、色彩等是否一致。

（2）检查过渡是否自然。如脸与脖子、鼻梁与鼻侧、腮红和脸色、眼影与阴影层次的过渡是否自然等。

（3）检查整体与局部是否协调。如整个妆面是否统一等。

（4）检查整体是否完美。一般的人化妆结束后用手镜检查效果，其实在社交场合中很少有人会这样细看一个人的面容，一般是在一米以外的距离与你面谈或交流，所以，对妆面整体的检查最好是在镜前半米左右的距离对自己进行整体的审视，并做出判断。

（五）化妆的其他礼仪规范

不能当众化妆。化妆工作应事先完成，或是在专用的化妆间进行。当众化妆，不仅不雅，且有卖弄表现或吸引异性之嫌。

妆化不能过浓、过重，香气四溢，令人窒息，这对他人会造成妨碍。

当妆面出现残缺时，应及时避人补妆，若听任不理，会让人觉得低俗懒惰。

不借用他人化妆品化妆。化妆品有一定的私密性，向她人借用容易引起她人的尴尬、反感，且不卫生。

五、体味与仪容

体味对仪容的影响包括口气和气味两方面。

（一）口气

口气指从人的嘴里传来的气味。口气的浓烈与否因人而异并随着人的身体状况而产生变化。在社交场合中，应注意不要将浓烈的口气传给他人，这就要求做到以下几点。

（1）把握良好的交谈距离。

（2）参加社交活动前不要食用生葱、生蒜等刺激性食物。

（3）勤漱口，使口气清新。

（4）使用使口气清新的其他用品。

（二）气味

我们这里所讲的气味特指从一个人身体上传出的味道。在社交场合中，尽量用美好的气味给他人留下良好的第一印象，这就要注意以下几点。

（1）勤洗澡洗头，使自己保持清洁、健康的良好形象。

（2）选择适合自己个性特点的香水，使香型与人自然融合。

（3）正确使用香水，在高雅品位中提升社交形象。

想一想

怎样正确使用香水？

1. 使用香水可有学问呢。首先，要选择适合自己的香水，不同品牌、不同香型的香水，配合不同的气质类型和性格特点。你能通过调查说出几种香水的品牌和它们的特点吗？

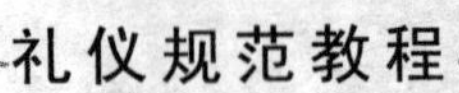

2. 你知道身体的哪些部位可以喷涂香水吗？香水越香越好吗？

第三节　仪表规范礼仪

在现代礼仪中，狭义的仪表主要指人经过修饰后的外表。早在古代，特别是在孔夫子“礼”的思想中，仪表的修饰美的特点就已经占据了十分重要的地位。这里的修饰更多的是强调人的服饰、打扮的修饰美。美容化妆是构成人的仪容美的重要基础，仪容之美与仪表之美的完美搭配和有机组合，则更多地需要通过人的服饰打扮加以体现。

> 服装可以体现人格。
>
> ——莎士比亚
>
> 一个人的服装并不只是表露他的情感，而且还要显示他的智慧。
>
> ——皮德罗福

现代服装除了御寒、遮羞之外，还有一系列功能，如体形展现、性别识别、职业区别、情感表达以及经济状况的反映等。服装是人际交流中的一种无声语言。在社交活动中，根据自身特点和特定场合，选择得体的服装，并穿出一定的品味，可以充分体现出一个人的审美情趣、文化修养和个人品位，也可以反映出一个团体的整体素质和精神风貌。

一、服饰的分类及特点

各民族、各地区对服饰礼仪都有许多要求。在国际社交场合，人们穿着的服装大致分为便服与礼服两种。

我国没有礼服与便服之分，但近年来，由于国际交往的需要越来越多，我国的一些礼仪规范也在不断向国际惯例靠拢，一般休闲在家或外出旅游、运动娱乐时着便服；而正式的场合如宴会、会见、婚丧等，则应当穿礼服。

便服 便服是着装较为随便的服装，以宽松适宜为佳，人们在穿着时可以根据自己的特点和喜好进行选择。

工作服 随着经济的发展，CI 形象工程已经成为企业经营理念的重要组成部分，体现企业文化和特点的工作服已经更多地出现在职业场合。

工作服以其庄重、清洁、整齐、典雅的特点，既表明了员工的责任感和可信度，又体现出企业规范的管理和良好的审美，因此，越来越多的企业要求员工在工作中着工作服装。

工作服是第二次世界大战以后才出现的，最初仅仅是为了保护女职员们漂亮的便服而制作的罩衣，后来逐步演化成企业为树立形象而让员工在工作场合穿着的服装。

因此，工作服既不能像礼服那样正规华贵，也不能像便装那么休闲随意。工作服一般要求整洁、大方和雅致。

工作服的色彩和款式可以根据企业的特点和企业文化的要求进行设计，但不能过多暴露，色彩过于艳丽、样式过于繁杂等都是不可取的。

上班时要尽量穿企业统一的工作服，佩带工作标识。如果没有统一工作服的，也应尽量穿着正规服装，如办公室人员，男士可着西装，女士可着套装、套裙等。

礼服 礼服是最为讲究的服装。在西方国家，礼服可以分为正式礼服、半正式礼服和非正式礼服三种。

正式礼服指日间午前礼服、晚间无尾礼服和正式燕尾服等，是参加庆典、星期日的礼拜堂、婚礼、晚宴、晚间音乐会、酒会等最正式、隆重、庄严的场合的主要着装。在穿着上有严格的时间区分，对服装的面料以及穿着的细节、饰品等要求很高。

半正式礼服与正式礼服最大的区别在于它能够昼夜穿用，它没有正式礼服那种刻意的严格、庄重，由于它具有一定的随意性，因而可以在礼服穿用不很明确的场合使用。

非正式礼服的特点是轻松、随意、不拘泥，因而可以在一些比较自由、随和的场合穿着。

我国没有严格的礼服、便服之分，但出入正式场合，尤其是参加外事活动，男同志应穿西装、中山装或民族服装，女同志最好穿套装、套裙、长裙或旗袍。

中山装　中山装是辛亥革命时期孙中山先生设计的服装款式，在穿着时一般配黑皮鞋。穿中山装应扣好领扣、领钩。

西装　西装是目前中国男士选择较多的正式礼服。

作为礼服的西装，在穿着时必须打领带；袖口、裤脚不可卷起；衬衣下摆塞入裤内，衬衣袖口应比西服袖口长1～1.5厘米；一般站立时扣上西装纽扣，坐下时要解开，扣纽扣时，两粒纽扣只扣上边一粒，另一粒不扣；穿西装必须穿皮鞋。

女士穿西装套裙时，要选择不露脚趾和后跟的双包鞋。若穿布鞋、旅游鞋或者露出脚趾、脚后跟的鞋都是有失体面的。

穿西装时，袜子应以男士着深色袜、女士着肉色袜为宜。

无论什么服装，都必须整洁、干净。上衣要熨平整，裤子要熨出裤线，皮鞋要上油擦亮。

此外，在接人待客时，穿短裤、穿内衣、穿睡衣或赤脚等，都是失礼的行为。参加社交活动，进入室内时，均应摘帽，脱掉大衣、风衣、雨衣等，并送挂存衣处挂好。

领带的趣闻

领带是一种历史悠久的装饰品。据专家考证，秦始皇陵兵马俑中，军士的颈下就系着中国最早的领带，距今已有2000多年了。欧洲人使用领带大约始于17世纪，那时的罗马士兵喜欢在脖子上系一种类似领带的装饰物。直到法国国王路易十四世，才正式宣布领带为一种高贵的标志，使领带成为服饰的一部分广为流传开来。随着时间的推移，领带在系法、款式、色彩等方面都有了很大的改进和发展。进入20世纪，领带和西装相互依存，已经是表达男士风度的不可缺少的组成部分。

二、服饰美的实现

成功的穿着

国际美容专家蔡燕萍博士在《工作场合巧装扮》一文里指出："成功的穿着并不一定要添购很多的衣服饰品，原则上是以质量较好，不易起皱、线条剪裁流畅、款式简单大方的套装或洋装为佳；但最好选择柔和、淡雅或者深暗的颜色，太多强烈的色彩并不适合常穿，易给人压迫感。身材较为娇小的人，套装尽可能选择同一色系，具有拉长身高的视觉效果。"

蔡燕萍博士的这种观点给你什么样的启发？你觉得我们怎样才能实现服饰美？

在日常交往和社交活动、工作中，每个人都要根据场合选择不同的着装。真正的服装美是搭配出来的。服饰美的实现要遵循应人原则、应事原则和应礼原则。

（一）应人原则

服装是为人服务的，要充分体现出人的不同特点。不同年龄、不同身份和不同体型、性格的人在着装上应做不同的选择，在服饰的选择和搭配上不能一味追赶时尚，应该因人而异，做到整体协调。

穿着应与年龄相协调 不同年龄的人，在对服装的选择上应有不同的要求。深灰色中山装穿在中老年男性身上，给人庄重和成熟感；高腰夹克适合年轻女孩，透出英武和天真率直。在现实生活中，我们也能看到一些虽然年逾古稀的老人，却能打扮出一种即使是翩翩少年也望尘莫及的优雅风度，这其中的奥秘就在于他们抓住了这个年龄段特有的风姿韵味和魅力，从而流露出年逾古稀的自然之美。

穿着应与身份职业相协调 不同身份与职业特点的人，在着装上应体现出不同的风格。学生的着装应该简洁、朴素、大方，符合学生特有的青春活泼的特点；教师的着装应端庄、稳重，既不因妖娆华丽而分散学生学习的注意力，又不因古板守旧而引起学生的反感畏惧；服务人员的服饰则应当整齐、规范、统一，体现出行业的特点和企业的文化及管理。

穿着应与身材体型条件相协调 人有高矮、胖瘦之分，体型也各异。竖条或深色服装穿着在体型较胖的人身上可以显得苗条；高瘦身材的人应尽量避免穿短上衣并搭配瘦小下装或穿着深色紧身服装；身材矮小的人可以选择简单、直线设计和干净明朗的布料；颈短者穿“V”领服装；体型过胖者可以多选用深色合体的服装。这些都说明服装要因每个人的身材而异。

穿着应与个性特点相协调 人的不同性格会通过人的言行举止流露出来，它们也应和人的服装服饰协调才能到达统一。有的人活泼开朗，有的人耿直爽朗，有的人温文尔雅，有的人恬静细腻，每个人都应有与自己个性相统一的服装。只有人的内在性格特点与外在服装和谐统一时，人的美才能得到充分体现。

（二）应事原则

服装的穿着是否得体，还要考虑着装是否与场合协调并符合当时所处的环境的特点。色彩斑斓的戏剧服装显然只有在舞台上才显得美丽而富有艺术气息，军服在部队及军礼场合尤其能显示其威严挺拔。人们在正式社交场合的装扮应当与生活和休闲场合有比较严格的区别。

在选择着装时，要考虑到应事装扮的原则。学生参加正式的典礼、在学校的装扮、到职业岗位上进行实习实践以及假期出去郊游的装扮就应当有所区别。

参加正式的庆典活动、礼仪礼宾等社会实践活动，最好着礼服。男生可以穿西服套装，女士穿裙装或者根据需要穿上旗袍，以显示隆重、喜庆和热烈的气氛。

参加升旗仪式、校庆等学校统一组织的重要活动，应按照要求穿着校服。

学生校服能表现出学校的整体形象，通过穿着校服，能培养学生的集体意识和荣誉感。学生校服应保持整洁、干净、无破损。在穿校服时应正确佩戴校徽，团员应佩戴团徽。校徽、团徽要佩戴在校服的左胸处。

参加葬礼等庄重的活动，应体现出庄严感，最好穿深色、素色的服装。不能穿各类宽松服或者便服，让人觉得随意，不尊重。

随父母参加亲朋好友的结婚庆典等喜庆活动，则应表现出轻松、活泼和喜庆，做到整洁、干净、青春和活力，可以穿颜色亮丽、款式新颖的服装。

参加郊游、远足等活动时，可以穿不同颜色的各式便服，以显得轻松、愉快；参加学校运动会时，穿运动服，使自己更好地投入运动环境，确保运动安全。

学生参加职业实践和实习时，要根据实习岗位的具体要求进行着装。如进入工厂实习的学生要穿工作服，进入服务岗位实习的学生要穿岗位要求的服务员专用服装，如果是进入商业场合开

展业务拓展、进入政府部门进行文员实践等，可以穿西装、套装和裙装，以显得庄重、稳重和成熟。

（三）应礼原则

服装的穿着还要符合基本的礼仪规范，符合人们在审美过程中的基本认识，否则便会贻笑大方。例如，西服套装不能配穿旅游鞋，否则会显得不伦不类，缺乏修养；穿睡衣待客或者走上大街，不仅是对他人的不尊重行为，也是对自己不够尊重的失礼行为。在任何条件下，西服套短裤、中山装配运动裤、夹克衫戴礼帽等都是没有品位、不会审美和不懂礼仪的表现。

三、服装的色彩

色彩是服装的灵魂。一件衣服，不论款式如何，其色彩都有可能决定人们的第一印象。因为色彩对人的视觉的刺激最敏感，其影响力、感染力远超过款式造型及面料等其他因素。所以，了解基本的服装色彩知识，有利于同学们根据礼仪的需要和自己的特点，选择适当的色彩进行搭配，从而实现着装的美化。

（一）色彩的视觉效果

色彩的浓淡深浅能给人不同的视觉效果。浅色调给人以轻松的感觉，深色调则使人感觉凝重、沉稳。

色彩能给人以扩张或收缩的感觉，暖色、明亮、鲜艳的色彩会产生扩张感，而冷色、深暗的色调则会产生收缩感。

色彩还能造成华丽感和质朴感。明亮的色彩给人以华丽感，深暗的色彩则给人以质朴感。因此，各种体型、年龄、性别、职业的人都应根据色彩的视觉效果，根据自身的特点，扬长避短地选择适合自己的服装色彩。

色彩的象征意义

红色：象征兴奋、热情、快乐。红色是火的色彩，能给人十分强烈的感觉刺激，表现出浪漫、活泼与热烈的性格。

绿色：象征生命与和平。绿色是大自然的颜色，是一种清爽宁静的色彩，使人感觉到青春、活力，充满朝气。

黄色：象征华贵、雍容和明快。黄色是古代封建帝王的专用颜色，是一种高贵而能使兴奋的人更兴奋、活泼的人更活泼，焦虑的人更焦虑，抑郁的人更抑郁的色彩。黄色是一种过渡色彩。

蓝色：象征宁静、智慧和深远。蓝色是一种比较柔和的颜色，它往往使人联想到天空和海洋，使人安静祥和，给人一种高远、深邃的感觉。

橙色：象征活力与温暖。橙色是太阳的颜色，是一种能引起人兴奋的色彩，给人以明快、富丽的感觉。

黑色：黑色是一种寓意深刻的颜色。黑色一方面象征着深刻、沉着、庄重和高雅，另一方面又代表着哀伤、恐怖、黯然和恫吓。黑色是色彩中的神秘元素，是一种庄重、肃穆的色彩，能使人产生凝重、威严、阴森等不同的感觉。

白色：象征着纯洁、高尚和坦荡。白色是一种纯净、祥和、朴实的色彩，给人一种明快、无华的感觉。

（二）服装色彩与肤色

服装的色彩要与肤色相配，使穿着者能更好地突出肌肤的优点，这样的搭配才算成功。

皮肤白皙的人，选择服装颜色的余地较大，可以与任何一种色彩搭配与组合。选择浅色系列的服装，能突出皮肤的娇嫩柔润，

显得格外白洁、动人；选择深色服装则更能衬托皮肤的洁净。

皮肤苍白的人，不宜选择黑色或纯白色。

皮肤黑的人，不能选择黑色或者偏深、偏暗的颜色，否则会更黑，最好选择浅色调。

皮肤偏黄的人可以选择淡雅柔和的色调，比如白色、浅灰色等。

（三）服装的色彩搭配

服装的色彩搭配包括上衣与下装的搭配、衬衣与外套的搭配、服装和鞋包的搭配等。通常，服装的色彩搭配要求鲜明开朗、协调统一。色彩搭配的方法有以下几种。

（1）统一法：使用同一色系，根据深浅不同来进行搭配，以造成一种统一、和谐的审美效果的方法，如浅蓝色的上衣与深蓝色的裤子搭配。统一法在搭配时要注意的是同色间也要讲究过渡自然、平稳，不要太生硬，色彩的明度差异不要太大，以免给人一种断裂失衡的感觉。如果差异大，可以在中间选择一种明度适中的色彩进行过渡。

（2）调和法：把色谱表上色彩相近的色彩进行搭配的方法，如红与橙、蓝与紫等。这样的搭配富于变化，服装能显得活泼与动感。在搭配时要重点考虑色彩的明度及纯度的变化，使之更加和谐美观。

（3）主色法：用一种起主导作用的基调为主色，再以其他与主色基调一致的色彩陪衬和装饰的方法。运用这种方法应当充分考虑主辅关系，不能"喧宾夺主"，还要考虑主辅色的对比效果，既要鲜艳，又不能太刺眼。

（4）对比法：用色谱表上的对比色彩来进行搭配的方法。如红与绿，白与黑等。

（5）互补法：把色谱表上互补的色彩来进行搭配的方法。如红与黄等。

想一想

你能举例说明五种服装色彩的搭配方法吗？

做一做

使用图案或者实物的方法，对服装的搭配进行实验和讨论。

四、饰物的应用

首饰能烘托仪表美。男士一般以戒指、手表、领带夹为主；女士饰物繁多，但在工作场合不宜佩戴首饰（手表、戒指可例外），而在舞会、宴会等社交场合，则可以恰当佩戴，略加点缀，以增姿色。

下面，我们来共同了解戒指、项链、帽子等饰物的应用规范。

（一）戒指

戒指是手上的重要饰物，其款式多样。上班时佩戴的戒指应该简洁、稳重而不过分张扬。

戒指的佩戴有一定的讲究。通常，大拇指不能佩戴戒指。戴在食指的戒指有求婚的含义；戴在中指的戒指有表示恋爱的含义；戴在无名指的戒指有订婚或结婚的含义；戴在小指的戒指有向他人暗示自己独身的意思。

学生不能佩戴戒指。

做一做

将左右手掌心相向，然后将中指弯曲相对，其余四指伸直相对。试着在保持中指弯曲的情况下，依次分开其余四指。你会发现，只有无名指没有办法被分开。

因此，结婚戒指佩戴在无名指上表示永不分开。

（二）项链

选择项链时，要和自己的脸型搭配，使项链成为自己仪容的

最好衬托。例如，尖形脸或瓜子脸的妇女，可以选择比较细致小巧的项链；方型脸或者圆脸的人，可以选择稍微长的项链，通过项链适当调和脸型。

上班时佩戴的项链应当是体积不大、款式简单的，以免给人以招摇的感觉；机关工作人员或者职位较高的职业妇女选择的项链应该是质地较轻、体积不大、做工精细的，给人以雅致的高品位感；参加晚宴或晚间活动的项链则不妨亮丽夸张，显得高雅夺目，端庄时尚。

需要说明的是，仪表美是一种整体美。真正懂得美的人，会将化妆、服装、首饰，甚至随身的围巾、皮包等，都能巧妙搭配，协调组合，表现出高雅脱俗的气质。要做到这一点，需要不断地借鉴、学习和实践。

（三）帽子

帽子是现代女性的重要的饰物。帽子，无论其质料、色彩还是款式，都是多种多样的。

选择帽子，要注意款式，更要注意色彩、大小、高矮与自己的肤色、体型和身材的关系。尽量让帽子达到扬长避短的效果。

帽子可以正戴，也可歪戴。正戴的帽子显得庄重、严肃，歪戴的帽子显得活泼、妩媚；正戴可以使脸型更加丰满、端庄，歪戴则会使脸型显得清瘦而俏皮。

通常，参加各种活动及上门作客，进入室内场所都应脱帽。男士任何时候在室内都不得戴帽子和手套。

（四）墨镜

墨镜也叫太阳镜，原来是用来防御和抵挡阳光、保护眼睛不受伤害的。随着现代人的装饰意识、审美意识的增强与变化，它也成了人们用来补充服饰和修饰五官的饰物。

选择墨镜时要注意自己的脸型、头饰、肤色应和墨镜的材质、色彩、造型等相匹配，在此基础上可以适当突出墨镜的夸张作用。

在佩戴墨镜时的礼仪规范要求是：参加室内活动时，不要戴墨镜；在室外参加礼仪性正式活动时，也不应将墨镜戴在头上；与人握手时，要摘下墨镜。如果因为特殊情况须戴墨镜时，要向主人说明并致歉意。

第四节　仪态礼仪

仪态又称为体态，指人的身体姿态和风度。姿态是身体所表现的样子，风度则是内在气质的外在表现。

人的举手投足、点头弯腰等都并非偶然的、随意的。这些行为举止自成体系，像有声语言那样具有一定的规律，并具有传情达意的功能。人们可以通过自己的仪态向他人传递个人的学识与修养，并能够交流思想、表达感情。

用优良的仪态礼仪表情达意往往比语言更让人感到真实、生动。容貌与穿着的美，在很大程度上具有先天性与物质性；而仪态美，则是一种深层次的美，能表现出真实的自我。

一、体态的礼仪功能

（一）表达真情

语言是人类最重要的交际工具。那么，人类在创造语言文字前，是用什么样的方式来传递思想感情的呢？人类学家认为，当时的人类只能用面部的表情、手的比划来传输信息。即使在高度文明的今天，人们依然用一些特定的举止，来传递喜怒哀乐或其他信息。其实，仪态本身就是一套极为丰富和复杂的语言。据统计，世界上至少有 70 多万种表达思想感情的态势动作。相比之下，任何语言和文字都显得逊色。良好的仪态能够传递健康、友好、关心、谦虚的思想感情。

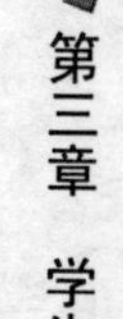

（二）简洁生动

在人际交往中，人们通常是用口语来表达彼此的感受的。但时常会碰到这样一种情况，自己什么都没有说，而别人却可以知道自己在想什么。

语言经过理智的思维，是可以被说话人控制与加工的；而仪态所反映的信息，则比语言反映得更加简洁，更加真实，因为许多表情或动作的完成是行为主体情绪化或潜意识的产物。

心理学家弗洛伊德认为，要了解说话人的深刻心理，语言是不可靠的，人的动作比语言更能表现人的情感与欲望。明白了这一点，对于运用好社交礼仪是有重要意义的。

因此，在人际交往时，一方面要根据对方的仪态分析其心理，然后决定与之交往的方法；另一方面，自己也应把握与控制仪态，以免私情泄露而使对方不快。例如，有的主人一边客气地挽留客人，一边却不时地看手表，这表明主人的内心早已不耐烦了。这种挽留是虚假的、失礼的。

（三）反映双方的友谊程度

在人际交往中，特定的姿势和举止，可以反映人与人之间的微妙关系，而这种关系有时是无法用口语来表达的。因此，掌握和处理好这些细节，对于正确、恰当地实施礼仪规范是大有裨益的。

例如，行握手礼时，两个人握手的时间稍长、用力稍大，表示感情深厚；鞠躬时的姿势是躯体角度越大，尊敬程度则越高；两人在行路时的距离比较近，可以表明两人之间的亲密程度。

二、仪态的基本规范

仪态包括日常生活中的仪态和工作学习中的仪态，其表

现方式是多种多样的。人的头部、脸、躯干、腕、手指、腿、脚等十几个主要部位，几乎都可以传情达意。在社会交往中，仪态充当着极为重要，且极为有效的交际工具。优雅得体的举止是一个人良好人格修养的外在形式，它在无形中传达出我们的文化内涵和情感信息，将有助于我们树立良好的交际形象，获得他人的好感。

我们通常所说的站有站姿，坐有坐相，举止端庄，含蓄文雅，落落大方，都指的是仪态。从技巧上来说，举止优雅显然要比举止规范更高一个层次。我们这里主要介绍的是人的体姿、手势、表情、眼神等礼仪规范。

（一）体姿仪态

体姿仪态指人的身体的基本姿态，主要通过站、坐、行等动态语言表现出来。

1. 站姿的规范

站姿是人们日常生活交往中一种最基本的举止，也是最容易表现出人的体态特征的姿势。站姿不仅要挺拔，还要优美典雅，站姿是优雅举止的基础。

你知道吗，观察一个人的站立姿势，可以发现他此时的心理特点。心理学家观察发现，人的站相在一定程度上能反映出人的性格特点，如双腿并拢站立者，给人以可靠、老实、忠厚之感；双腿分开站立的人往往给人一种果敢、任性、进取的感觉；站立时一腿直立另一腿弯曲，且以脚尖触地者，显示出一种不稳定的、好挑战与好刺激的特征。

站姿的基本要领 站姿的基本要领包括以下几点。

（1）头正，双目平视，嘴唇微闭，下颌微收，面部平和自然。

（2）双肩放松，稍向下沉，身体有向上的感觉，呼吸自然。

（3）躯干挺直，收腹，挺胸，立腰。

（4）双臂放松，自然下垂于体侧，手指自然弯曲。

（5）双腿并拢立直，膝、两脚跟靠紧，脚尖分开约呈 60 度，身体重心放在两脚中间。

在以上站姿的基本要领的基础上，还可以有所调整。以下是几种适用于不同场合的站姿。

（1）标准站姿。标准站姿的基本要领是：两脚跟并拢，脚掌分开呈“V”字型，两膝并拢，两腿直立，提髋立腰，吸腹收臀，挺胸抬头，下颌微收，双目平视前方，两手自然下垂（如图一）。

图一　标准站姿

（2）礼仪站姿。礼仪站姿因为常需要在服务工作和礼仪服务工作中使用，所以也叫工作站姿。礼仪站姿可以分为两种，即前握手式和后背手式（如图二）。

后背手式　　前握手式

图二　工作站姿

前握手式。男士应左脚向左横迈一小步，两脚之间距离不超过肩宽，以 20 厘米为宜，两脚尖与脚跟的距离相等，左手半握拳，右手握住左手的腕部并置于腹前交叉，身体重心在两脚上，身体直立，注意不要挺腹或后仰。女士应两脚尖略展开，右脚在前，将右脚跟靠于左脚内侧前端，两手在腹前交叉，右手握住左手，两手大拇指内置，身体重心在两脚上，也可以于一只脚上，通过两脚重心的转移减轻疲劳。

后背手式。后背手式站姿的基本要领是：两脚跟并拢，脚尖展开 60～70 度，两手在身后交叉，右手在下左手在上，拇指展开，挺胸立腰，下颌微收，双目平视。

（3）社交站姿。在社交场合中，根据社交活动的需要，可以采用社交站姿。社交站姿的基本要领是：一只脚略前，一只脚略后，前脚的脚跟稍稍向后脚的脚背靠拢，后腿的膝盖向前腿的膝盖靠拢，膝部略弯曲，身体重心在两腿的 3/4 处。这样的站姿既保持了挺胸收腹的良好姿态，又显得轻松、随意、高雅、大方（如图三）。

图三　社交站姿

站姿的变化 随着经济的发展，人们的姿态审美意识和需求也发生了一些变化。

两脚开立是男士工作站姿的一般规范，这种站姿能显出男士的稳重、挺拔和英武。但在一些接待服务企业，人们希望男性服务员给人更多的亲切感，因此，将开立的站姿变化为两脚并拢的姿势，以让服务对象感受到更多的亲和力。

站姿训练 要做到标准、优雅的站姿，同学们可通过以下两种方法加以训练。

（1）原地练习上面提到的三种基本站姿，仔细体会其中的要领。

（2）通过一些辅助练习来帮助自己。

踢踵练习。脚跟提起，头向上顶，身体有被拉长的感觉，注意保持姿势稳定，练习平衡感。

背靠背练习。两人一组，背靠背站立，两人的脚跟、腿肚、臂部、双肩和后脑勺贴紧。此练习可训练站立时的挺拔感，为加强训练效果可在五个触点加上夹板。

背靠墙练习。背靠墙练习的基本要求、作用与背靠背练习相同。

站姿禁忌 站姿的禁忌主要包括以下几点：

（1）忌全身不端正。标准的站姿强调的就是站立时身体要端正，站立时不能歪头、斜肩、曲臂等。

（2）忌双腿叉开过大。站立过久，可采用稍息的姿势，双腿可以适当叉开一些。但出于美观与文明方面的考虑，在他人面前，双腿切勿叉开过大，女士尤其应当注意。

（3）忌双脚随意摆动。人在站立时，双脚应当站定，不可随意乱动，不应用脚尖乱点乱画等。

2. 坐姿的规范

坐姿是人们社交活动和工作学习中最常用的一种举止，其包含的信息也是非常丰富的。研究表明，人的一生中，有 1/3 的时间是在坐的过程中进行的。

坐姿是静态的，它有美与丑、优雅与粗鲁之分，它能反映出人的性格特点和心理活动。

学生们通过训练，使自己的坐姿文雅自如、端正规范，这是学生体态美的重要内容。坐姿的基本要求是：端正、稳重、自然和大方。

坐姿的基本要领 坐姿的基本要领包括以下几点：

（1）入座要轻、要稳。走到座位前，右腿后撤，腿肚轻触坐椅边缘，轻稳落座。女子穿裙装入座时，应将裙摆向前收拢一下再坐下。入座时，应避免将臀部翘起，使入座优美。

（2）头正，双目平视对方，嘴唇微闭，下颌微收，面容平和、自然。

（3）上体自然坐直，不要僵硬；立腰；双肩平正放松；双臂自然弯曲放在膝上，也可以放在椅子或沙发的扶手上，掌心向下。

（4）双膝并拢（男士可略分开），双脚平落在地上。

（5）一般只坐满椅子的2/3（人际交往中无须如此刻板），脊背轻靠椅背。

（6）起立时平稳自然，右脚向后收半步，而后站起。

（7）谈话时可有所侧重，此时上体与腿部同时转向一侧。

入座时，要根据凳面的高低及有无扶手或靠背，注意两手、两腿及两脚的摆法。以下是几种规范的坐姿：

（1）正步坐姿。女士入座时，站到椅子前面合适的位子上，向下坐时，用一只脚向后靠，轻碰椅面后，上身稍前倾，两手（或用一只手）将后面的衣裙拉好，轻轻就座。坐下时，将左脚跟，靠于右脚

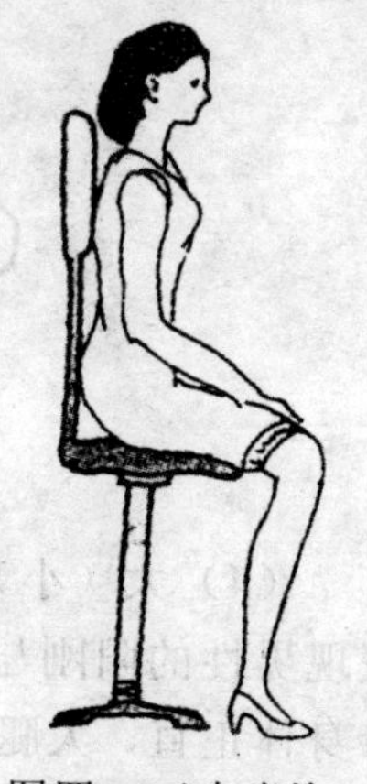

图四 正步坐姿

内侧中间部位，两脚尖展开45度，两膝并拢。腰挺直，膝靠拢，两小腿垂直于地面，两手在腹前交叉（如图四）。

男士入座后，两脚、两膝展开不超过肩宽，小腿垂直于地面，两手合握于腹前。

图五　掖步坐姿

（2）掖步坐姿。女士入座后，一腿前伸，另一腿屈回，用脚掌着地，双腿大腿靠紧，两脚前后要在一条线上，双手交叉放在右腿上（如图五）。

男士入座后，一腿屈回，脚掌着地，另一腿前伸，两脚前后要在一条直线上，两手相合握于腹前。

（3）S步坐姿。S步坐姿为女士坐姿，能体现出女性优雅的体型。入座后，两膝并拢，两小腿向左斜伸出，左脚跟靠于右脚内侧中间部位，左脚脚掌内侧着地，右脚脚跟提起，脚掌着地。双手合握搭放在右腿上（还可做反方向动作）（如图六）。

图六　S步坐姿

（4）大（小）八字步坐姿。大八字步坐姿更多地用于男性，表现男性的阳刚与率直。大八字步坐姿的基本要领是：入座后保持身体正直，大腿与小腿保持90度的夹角，两腿分开，不超过肩宽，脚尖分开成八字，两手自然放在两腿上。

采用小八字步坐姿时，男士脚尖也是摆放成八字，两脚后跟分开一拳远，双手自然放在两腿上；女士应两膝并拢，两脚后跟相靠，脚尖分开成八字（如图七）。

图七　小八字步坐姿

（5）前后步坐姿。前后步坐姿多用于女士，入座后保持身体正直，大腿与小腿保持 90 度的夹角，两膝并拢，两脚前后放置相隔半脚距离，双手自然放于两腿（如图八）。

坐姿训练　立于椅前，身体与椅子距离为 10 厘米左右，全部动作分三步完成：首先，将右腿向后撤步，小腿轻触椅子，保持头正目平，不要回头找椅子；然后入座，身体自然挺直；最后，收回右腿，与左腿平行放好，保持标准坐姿。

图八　前后步坐姿

以上练习可分为以下八个步骤来完成。

（1）立于椅后，与椅相距 10 厘米左右。

（2）左腿向左前方迈出一步。

（3）右腿跟上，落在左脚右前方。

（4）左腿前迈一步。

（5）右腿跟上，落在椅前 10 厘米处。

（6）左脚落在与右脚平行处。

（7）右腿向后移小半步，落座。

（8）收回右脚与左脚平行。

坐姿禁忌　坐姿的禁忌主要包括以下几点。

（1）共场合坐定之后，不允许仰头靠在座位背上或低头注视地面。左顾右盼或闭目养神也是不礼貌的行为。

（2）不允许坐定之后上身前倾、后仰、歪向一侧，或是趴向前方、两侧。

（3）双手端臂、抱于脑后、抱住膝盖，或以手托腿、摸脚部等都是不礼貌的行为。双手应尽量减少不必要的动作。身前有桌子时，不要将肘部支于桌子上，或双手置于桌子下。双手夹在大腿中间也应避免。

（4）不要在尊长面前高翘“4”字形腿，即不要将一条小腿交叉叠放于另一条大腿上。两腿不要直伸开去，也不要反复抖动不止。

（5）切勿在坐定后，将脚抬得过高，以脚尖指向他人，或是使对方看到鞋底。不要脱鞋子，将脚架在桌面上，翘到自己或他人的座位上，不要以脚踩踏其他物体。

3．行姿的规范

行姿也称为步态，是人体运动中的形体动作，属动态美。行姿是最能体现一个人精神面貌的姿态，一个人的欢乐、悲伤、懒散、进取、失意等状态都可以通过行姿表现出来。从小的方面看，正确的行姿可以表现出一个人朝气蓬勃、积极向上的精神状态，给人以美好的印象；从大的方面说，社会成员的行姿代表着一个社会的精神面貌。

我们在行走的过程中，要努力做到协调稳健、轻松敏捷、节奏明快，给人以美感，传达青春活力。

行姿的基本要领　行姿的基本要领包括以下几点。

（1）双目平视，下颌微收，面容平和、自然。

（2）挺胸，收腹，立腰，双肩平放，不左右摇晃，不过于僵硬，双臂前后自然摆动，摆幅为30～40厘米为宜。

（3）起步时身体要向前倾，重心保持平稳地落于前脚掌，不要停留于后脚跟。

（4）注意步位。行走时，男女的步位（即两脚着地时的位置）有一些区别：男子两脚内侧交替前行在两条相近的平行线上，这样能显示男性的稳重和阳刚，这样的步态也叫稳重步；女子则采用脚内侧交替前行在一条直线上，也叫一字步。

（5）步幅适当。标准步幅应为前脚的脚跟与后脚的脚尖相距一脚长。性别和身高不同，步幅也会不同；身着不同的服装，步幅也会不同。女士着旗袍、西装裙、礼服时，步幅应小些；穿长裙、长裤时，步幅可稍大些。

（6）前脚着地和后脚离地时，膝部伸直，步频为每分钟 100～120 个单步。

走姿的口诀是：

以胸领动肩轴摆，提髋提膝小腿迈。
跟落掌接趾推送，双眼平视肩放松。

掌握了以上基本要领后，便可培养自己的优雅行姿（如图九）。

图九　优雅的行姿

行姿训练　要做到标准、优雅的行姿，同学们可通过以下几种方法来训练。

（1）步态基本练习。头顶一本书，以标准走姿行走，视线落在前方约 4 米处，转弯时应平稳。此练习是为了训练脊背和脖颈的挺直。

（2）修正步位。为了使走姿更加优美，可以在地面上画一条5厘米宽的线带，站在线端，起步后，先让脚跟踩在线上，然后让脚的大拇指落在线的边缘，使脚尖略微向外展。

（3）手臂摆动训练。为了使行进时左右手臂摆动均匀，弧度适度，应加强手臂摆动的训练。训练时，保持身体正直（可头顶书本），双脚前后放置，左脚前右脚后，相距约一脚远。根据节奏手臂进行前后摆动训练。

行姿禁忌　学会了标准的行姿后，在走路时还需注意以下这些小节，才能使自己的行姿更优雅。

（1）走路时要控制体态，上身挺直，避免身体乱晃动；控制步幅，避免步子太大或者太小。

（2）走路时不低头，不东张西望。

（3）注意控制双臂，使其自然前后摆动，不要将双手插入裤兜或者反背在背后，避免一只手夹在体侧只有一只手摆动的摆臂方式。

（4）挺胸收腹，避免重心下坠、腆肚、弯腿；双脚脚尖应朝正前方落脚，不要向内或向外歪。

（5）女性走路应步伐轻盈，而男士走路应步履稳健。不要拖着脚走，不要大摇大摆地走。

（6）男女两人同行，女方应走在街道内侧，男方走在街道外侧；一男二女同行，男方也应走在街道外测，不能走在二女中间或内侧。

（7）在人行道上应顺着人流行走，不要逆行；不要硬从走在前面的行人旁边挤过去。

（8）不要在人流中突然停滞不前，以免妨碍后面的人前进。

（9）走路时如无意碰到别人，应说声“对不起”。

（10）应给手拿大件物品的行人让路。

（11）应在儿童和带小孩的妇女后慢行，可在适当的时候再超过他们。

（二）规范的手势

手势指人的两只手臂所做的动作。由于手是人身体上最灵活自如的部位，因此手势是体语中最丰富、最有表现力的。从某种意义上说，手势是一种传达信息、情感的形体语言。大方得体、规范自然的手势，能给人含蓄高雅的良好感观。

手势可以分成以下四类。

第一类：情感手势。这是用来表达情感态度，使其形象化、具体化的手势。如用手放在心口的方式表达忠心、爱慕等。

第二类：指示手势。这是在学习生活中常用的手势，它主要是用手对具体对象的方位、高低、尺寸等加以指示，同时，可以用以引导来宾、指示方向。

第三类：形象手势。用来给具体的东西一种比量，以说明其形状、大小等。

第四类：象征手势。是为了把某种抽象事物概括表达得更清晰而采用的手势。

指示手势的规范标准 指示手势是我们在学习生活中最常用的一种手势。

指示手势的基本规范标准是：五指伸直并拢，掌心向上与地面成 45 度角，以肘部为轴朝一定方向伸出手臂。手臂与手腕要保持在一个平面上，手臂弯曲成 135 度左右，同时目视来宾，面带微笑，充分体现出友善和尊重。

指示手势按照其高低，又可以分成高位手势、中位手势和低位手势。通常，手势在肩部以上的是高位手势，在腰部和肩部之间的是中位手势，在腰部以下的是低位手势。高位手势一般不超过头部。

常见的指示手势 以下是几种常见的指示手势。

图十　请进

（1）请进。需要引导客人或者参观者进入，可以站在来宾侧方，一手下垂，另一手从腹前抬起，横摆到身体的右前方或者左前方，微笑并注视对方说："请进。"待客人进入后再放下手臂（如图十）。

（2）请往前走。当遇见陌生人问路或者为客人、来访者指示方位时，可根据需要使用。将手抬到与肩同高的位置，前臂直伸，手指方向指向需要找寻和指示的位置，并配以简单的语言进行说明（如图十一）。

图十一　请往前走

图十二　请坐

（3）请坐。当客人来访时请客人入座，应先将椅子抽出，一只手向前抬起，从下向上摆动到距离身体 45 度处，请来宾入座（如图十二）。

其他常见手势　在日常生活中，还有以下这些常见的手势。

（1）自然垂放。自然垂放是最常见的手势。其做法有二：一是双手自然下垂，掌心向内，叠放或相握于腹前；二是双手自然下垂，掌心向内，分别贴放于大腿两侧，它多用于站立时。

（2）双手相背。双手相背多用于站立或行走时。它既可以显示权威，又可以镇定自己。其做法是双臂伸到身后，双手相握，同时昂首挺胸。

（3）一垂一搭。一垂一搭指将一只手紧贴裤线自然垂放，而另一只手略弯曲，掌心向内搭在腹前。

（4）一背一搭。一背一搭指一只手掌心向外背在背后，另一只手掌心向内，略弯曲地搭在腹前。

（5）鼓掌。鼓掌是用以表示欢迎、祝贺、支持的一种手势，适用于多种场合。其做法是以右掌心向下，有节奏地拍击掌心向上的左掌。必要时，应起身站立。

（6）夸奖。这种手势主要是用于表扬他人。伸出右手，翘起拇指，指尖向上，整个右手指向被称道者。

（7）递交物品。学生递交物品给师长、他人时，应用双手递交，以表现出学生对师长和他人的尊重。

（8）低处拾物。低处拣拾物品，也能看出一个人的修养和审美。在拣拾物品的过程中，不能将臀部、背部直对对方，穿裙装的女性更要注意使自己的动作优雅。因此，正确的动作是走到需拣拾物品的旁边，一腿后撤半脚的距离后，弯下膝盖，直身下蹲，用手拾起物品。整个过程要特别注意的是膝盖保持并拢的姿势，不能分开（如图十三）。

图十三　低处拾物

手势禁忌　易于误解的手势。易于误解的手势有两种：一是个人习惯，但不通用，不为他人理解的手势；二是因为文化背景不同，被赋予了不同含义的手势。

不卫生的手势。在他人面前掏耳朵、搔头皮、剔牙齿、抠鼻孔、抓痒痒等手势，均是不卫生的手势。

有些人习惯用小指、钥匙、牙签、发夹等当众挖鼻孔或者掏耳朵，这是一个很不好的习惯。尤其是在餐厅或茶坊，别人正在进餐或喝茶时，这种不雅的小动作往往会令旁观者感到恶心。

还有些人的头皮屑很多，往往在公众场合忍不住挠起头皮来，顿时皮屑四散，令旁人大感不快。特别是在那种庄重的场合，这样是很难得到别人的谅解的。

不稳重的手势。在大庭广众之前，双手乱动、乱摸、乱扶，或是咬指尖、折衣角、抱大腿等手势，也是应当禁止的不稳重手势。

与人谈话时，手势不应过多；在人际交往中，切忌用手指指点点。

关于手势的趣闻

挥手：北美人不论是在向人打招呼还是告别，或者是想要引起离他较远的人的注意，他们就会举臂，张开手，来回摆动。

召唤：北美人要召唤别人，通常是先挥手引起对方注意后，然后把手转过来做向内舀的样子。美国人还有一种召唤人的手势，那是伸出食指（手掌朝着自己的脸），再将食指向内屈伸。

“请你听电话”：北美人要表达这个意思时会握拳，把拇指和小指尽量伸直来模拟一架电话听筒，再把这个手势放在耳边。

（三）表情

表情是人的思想感情和内在情绪的外露。表情可以通过人的面部或姿态表现出来。表情的形式是众多的，但人们关心的是，在社交中什么样的表情最能体现优雅的风度，什么样的表情更有利于加强人与人之间的沟通，增进友谊。

人的表情是可以控制的，作为学生，我们应当学会在与他人交往和相处的时候，善于驾驭感情，使自己的喜、怒、哀、乐在不同的场合、环境，不同的人或事物身上恰当地得到体现和发挥，从而体现出表情强烈的魅力、感染力和震撼力。

丰富的笑　在各种各样的表情中，笑是最为人们关注的一种表情。在日常生活中，笑容可以分成很多种，大体可以归纳为以下几种。

（1）含笑。是一种最浅的笑，它不出声，不露齿，仅是面含笑意，意在表示接受对方，待人友善。其适用范围广泛。

（2）微笑。是一种含笑较深的笑。它的特点是面部已有明显变化：唇部向上移动，略呈弧形，但牙齿不会外露。微笑是一种典型的自得其乐、充实满足、知心会意、表示友好的笑。在人际交往中，其适用范围最广。

（3）轻笑。在笑的程度上比微笑深。它的主要特点是面容进一步有所变化：嘴巴微微张开一些，上齿显露在外，不过仍然不发出声响。它表示欣喜、愉快，多用于会见亲友、向熟人打招呼的时候。

（4）浅笑。是轻笑的一种特殊情况。与轻笑稍有不同的是，浅笑表现为笑时抿嘴，下唇大多被含于牙齿之中。它多见于年轻女性表示害羞之时。

（5）大笑。是一种在笑的程度上又较轻笑更为深的笑。其特点是面容变化十分明显，嘴巴大张，呈现为弧形，上齿下齿都暴露在外，口中发出“哈哈哈”的笑声。它多见于开心时刻。

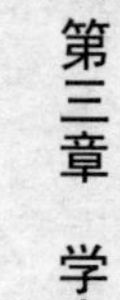

（6）狂笑。是一种在程度上最高、最深的笑。它的特点是面容变化很大，嘴巴张开，牙齿全部露出，上下齿分开，笑声连续不断，肢体动作很大，往往笑得前仰后合，手舞足蹈。它出现在极度快乐的时候，一般不大多见。

不同的笑容来自不同的心情。笑的共性在于面露喜悦之色，表情轻松愉快；笑的个性则在于具体的眉部、唇部、牙部、声音彼此之间的运作、配合往往不尽相同。

笑的时候，应做到表里如一，令笑容与自己的举止、谈吐相辅相成。切勿脸上挂笑，出言不逊，举止粗鲁；或是语言高雅，举止得体，却面无笑意。这两种情况都会使自己的态度受到怀疑。

会笑的人，不仅要讲究笑时尽兴，而且更讲究笑时要精神饱满，气质典雅。真正的笑，应发自内心，所以它非常自然地反映出一个人的文化修养和精神追求。

笑，从直观上看，实际上是人的眉、眼、鼻、口、齿以及面部肌肉和声音所进行的协调运动。因此在笑的时候，要使各个部位运动到位，不温不火，不要顾此失彼，笑得勉强、做作、失真。

笑是人们对客观社会生活现象的一种主观反应，而微笑是笑中最能体现出人的乐观向上、愉快热情情绪的特殊语言。

微笑是自信的象征，学生只有做到充分尊重和相信自己，才会重视对自我形象的强化，从而笑对人生，笑口常开。

微笑是学生良好礼貌修养的充分表现。一个懂礼貌的学生，必须懂得尊重他人，并通过微笑对他人表示友谊，表达对他人的尊重。

微笑是学生良好人际关系和健康心理的标志。微笑是实现人际交往的通行证，微笑能有效地缩短双方的距离，给对方留下美好的心理感受，从而形成融洽的交往氛围。清晨相见，微笑是师生、同学之间传达问候的良好方式；课间相遇，微笑是真诚的祝福词，是对教师辛勤劳动无言的感激；放学告别，微笑是最温馨的告别语，带给人一天美好的收获。能够使微笑常驻的学生，必将能够在生活中不断战胜困难，勇敢前行，必将拥有一颗善良、快乐、健康的心。

读一读

希尔顿和他的旅店

美国的国际希尔顿旅馆在世界各地设有200多家旅店和76家大饭店，是世界最大的连锁旅馆，堪称世界“旅店大王”。

希尔顿饭店董事长希尔顿先生，每年都不断地视察他在世界各地的饭店，每到一处，他常常问他的总经理以及服务生：“你今天对客人笑了没有？”

希尔顿出生于美国新墨西哥州，为了生活，他当过工友、办事员，做过小买卖。后来，他带着全部的5000美元，买下了他的第一家饭店。

一次，他带着欣喜和自豪的心情告诉母亲，他的资产已经增加到5100万美元时，他母亲却对他说了下面一段话：照我看，你跟从前根本没有什么两样，事实上你必须把握住比5100万美元更值钱的东西。除了对宾客诚实以外，你还要想出一个法宝使每个住进饭店的人，住过了还想再来住。你要想一种简单、容易、不花本钱而长久有效的办法去吸引宾客。这样你的饭店才有前途。

母亲所说的法宝是什么呢？

希尔顿冥思苦想，终于想出来了，这个法宝就是“微笑”。

他对他的员工说：“如果饭店只有第一流的设备而没有服务员们第一流的微笑，那些宾客会认为我们供应了他们全部最喜欢的东西吗？如果少了服务员美好的微笑，正好比花园里失去了太阳和春风。假如我是客人，我宁愿住进那些虽然只有旧地毯，却处处见到微笑的饭店，也不愿意走进虽然有一流的设备却见不到微笑、在精神上受折磨的地方。”

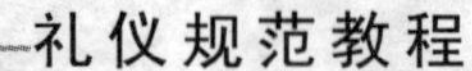

如今，希尔顿饭店已经成为声誉显赫的世界酒店业的巨头，它的服务员们都会牢记希尔顿的名言：你今天对顾客笑了吗？

想一想

1. 为什么希尔顿会把微笑作为旅店长久发展的“法宝”？

2. 假如你今后成为服务行业的一员，你将怎样做到微笑服务呢？

笑的禁忌 笑，作为一种表情，也有以下一些禁忌。

（1）假笑。即笑得很假，皮笑肉不笑。它有悖于笑的真实性原则，不但毫无价值，还让人厌烦。

（2）冷笑。即含有怒意、讽刺、不满、无可奈何、不屑一顾、不以为然等意思的笑，容易使人产生敌意。

（3）怪笑。即笑得怪气。它多含有恐吓、嘲讽之意，令人十分反感。

（4）媚笑。即有意讨好别人的笑。它并非发自内心，而是来自一定功利性目的。

（5）怯笑。即害羞或怯场的笑。例如，笑的时候，以手掌遮掩口部，不敢与他人交流视线，甚至还会面红耳赤，语无伦次。

（6）窃笑。即偷偷地笑。多表示洋洋自得、幸灾乐祸等。

（7）狞笑。即笑时面容凶恶。多表示愤怒、惊恐或吓唬他人。

（四）眼神

眼神是对眼睛总体活动的一种统称。眼睛是人类的心灵之窗。对自己而言，它能够最自然、最准确地展示自身的心理活动。对他人而言，与其交往所得信息的87%来自视觉。

知识堂

心理学实验证明：当两个人相处时，一方以自己双眼注视对方的时间，只有超过双方相处总时间的三分之一，才会使对方感受其全神贯注和对对方的重视。

人们在日常生活之中，借助于眼神所传递出的信息，被称为眼语。在人类的五种感觉器官眼、耳、鼻、舌和皮肤中，眼睛最为敏感，它通常占人类总体感觉的70%左右。

眼语的构成，一般涉及时间、角度、部位、方式等方面。

时间 在人际交往中，尤其是与熟人相处时，注视对方时间的长短，往往十分重要。在交谈中，听的一方通常应多注视说的一方。

表示友好。若对对方表示友好，则注视对方的时间应占全部相处时间的 1/3 左右。

表示重视。若对对方表示关注，则注视对方的时间应占全部相处时间的 2/3 左右。

表示轻视。若注视对方的时间不到全部相处时间的 1/3，往往意味着对其瞧不起或没有兴趣。

表示敌意。若注视对方的时间超过了全部相处时间的 2/3 以上，往往表示可能对对方抱有敌意或是为了寻衅滋事。

角度 在注视他人时，目光的角度，即其发出的方向是事关与交往对象亲疏远近的一大问题。注视的常规角度有以下几种。

（1）平视。即视线呈水平状态，也叫正视。一般适用于在普通场合与身份、地位平等之人进行交往。

（2）侧视。它是一种平视的特殊情况，即位居交往对象的一侧，侧身面向对方，平视着对方。它的关键在于须侧身面向对方，否则即为斜视对方，那是很失礼的。

（3）仰视。即主动居于低处，抬眼向上注视他人。表示尊重、敬畏之意，适用于面对长辈的时候。

（4）俯视。即眼睛向下注视他人，一般用于身居高处之时。一般表示对晚辈的宽容、怜爱，也可对他人表示轻慢、歧视。

部位 在人际交往中，目光所及之处就是注视的部位。注视他人的部位不同，不仅说明自己的态度不同，也说明双方关系有所不同。

在一般情况下，与他人相处时，不宜注视其头顶、大腿、脚部和手部。对异性而言，通常不应注视其肩部以下，尤其是不应注视其胸部、裆部和腿部。注视的常规部位有以下一些。

（1）双眼。注视对方双眼，表示自己聚精会神，一心一意，重视对方，但时间不宜过久。

（2）额头。注视对方额头，表示严肃、认真和公事公办。它叫公务型注视，适用于公务活动中。

（3）眼部至唇部。注视这一区域，是社交场合面对交往对象时所用的常规方法，因此也叫社交型注视。

（4）眼部至胸部。注视这一区域，表示亲近、友善，多用于关系密切的男女之间，因此也叫亲密型注视。

（5）眼部至裆部。它适用于注视距离较远的熟人，表示亲近、友善，因此也叫远距离亲密型注视，但不适用于普通关系的异性。

（6）任意部位。对他人身上的某一部位随意一瞥，可表示随意，也可表示敌意。它叫做随意型注视，多用于在公共场合注视陌生人。

方式 注视他人，在社交场合可以有多种方式。其中，最常见的有以下几种。

（1）直视。即直接地注视交往对象，它表示认真、尊重，适用于各种情况。若直视他人双眼，即称为对视。对视表明自己大方、坦诚，或是关注对方。

（2）凝视。它是直视的一种特殊情况，即全神贯注地进行注视。它多用以表示专注、恭敬。

（3）盯视。即目不转睛，长时间地凝视某人的某一部位。它表示出神或挑衅，因此不宜多用。

（4）虚视。它是相对于凝视而言的一种直视，其特点是目光不聚焦于某处，眼神不集中。它多表示胆怯、疑虑、走神、疲乏、失意、无聊等。

（5）环视。即有节奏地注视不同的人员或事物。它表示认真、重视。适用于同时与多人打交道。

第五节　气质与风度

从心理学的角度上讲，气质是一个人具有的典型的稳定心理特征。我们这里所讲的气质指一个人的综合素质，它既包括人与生俱来的容貌、体质、血型和微妙的遗传因素，更有后天形成的文化素养、审美情趣、价值观念和心理机制。每个人都要把握好自己的气质特点，加强训练，不断陶冶，使自己的综合素质不断提高，形成良好的气质，展现自己的仪态之美。

风度指人的内在素质和外在特征和谐统一在一起所表现出来的比较稳定而优美的举止姿态，它是仪态美的展示，也是气质的显现。通常，气质与风度紧密相关，气质不佳者很难有好的风度，人的风度美在很大程度上取决于气质。

同学们要想拥有和塑造风度美、气质美，需要注意以下几点。

（1）要清楚地认识到风度美是内在美与外在美的高度融合的产物，遵循内在美决定外在美的原则是获得良好风度的关键。要着重培养自己美好的心灵、良好的道德、高尚的境界，从而使自己具有良好的人格，这样才能获得风度美和气质美。

（2）加强对外在美的塑造。在日常生活和学习中，要注重培养自己良好的姿态习惯，不断提高自己塑造美丽仪容的能力，使自己仪表更加端庄、仪容更加典雅、仪态更加大方。

（3）认识自我，接纳自我。风度美属于社会美的范畴，具有历史性、稳定性、连续性和独特性。它会因不同的历史年代、不同的年龄特点、不同的个体差异而表现出不同的方式。每个人要

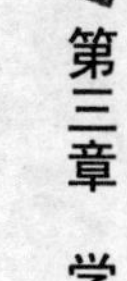

善于认识自己，不断增强自信并接纳自己，才能更好地发挥出自己的优势和特点，培养出自己独特的气质和风格。

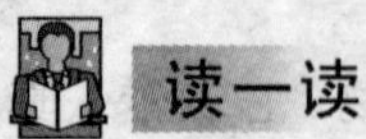

读一读

总理的气质和风度

儒雅的气质，翩然的风度，睿智的思想，迷人的微笑，构成了周恩来总理近乎完美的偶像模型。他代表了中国人民对人生境界最理想的追求与向往。

在周恩来总理的一生中，流传了许多为人民所颂扬的事迹，他用他的一言一行，一举一动，一颦一笑，演绎着一个泱泱大国总理特有的外交风度和气质。其中，与美国总统尼克松的历史性握手，是总理一生中既普通又极富代表性的外交典范，是中国和世界历史上永存的历史性的标志。

1972 年 2 月 21 日，美国总统尼克松踏上了中国内地的土地，开始了一次被他自己称之为“谋求和平的旅行”。上午 11 点，尼克松的专机出现在北京的上空。我们敬爱的周恩来总理早早地站在寒风中等候。当尼克松总统走在舷梯上时，周恩来总理就开始鼓掌，尼克松总统也按中国的习惯鼓掌相还。不等走下舷梯，周恩来总理已经微笑着迎上前去，紧紧地握住了尼克松的手，两双手握在一起，足足有一分钟多。这意味着一个时代的结束，也是一个新时代的开始。

想一想

1. 为什么说周恩来总理与尼克松总统的握手是历史性的标志，你知道当时的时代背景吗？

2. 从握手的礼仪上讲，总理的握手和我们一般的社交握手有什么不同？

3. 为什么说总理的接待和握手表现出了他的气质和风度？

4. 你能说出总理良好气质风度的其他故事吗？

5. 说说我们怎样在学习和生活中培养我们的气质和风度。

课后练习

1. 什么是仪表、仪容、仪态？

2. 学生着装的基本要求是什么

3. 站、坐、行姿的基本要领是什么？

4. 为什么说微笑是实现人际交往的通行证？

5. 什么叫气质和风度？

社会实践

1. 根据仪态的基本要求，将站姿、坐姿、行姿、手势和表情运用到社会生活中，进行行业体验。

（1）交通警察的站姿、坐姿、行姿和手势。

（2）商业服务人员的站姿、坐姿、行姿和手势。

（3）我目前在站姿、坐姿、行姿方面存在的问题是什么？

2. 站姿、坐姿、行姿是我们在学习生活中非常重要的“无声的语言”，我们需要不断地进行训练，使我们能有规范的站姿、优良的坐姿和优雅的行姿。以小组为单位，进行站姿、坐姿、行姿的规范训练，并将训练成果汇报展示给全班同学观摩。评选出体态最优美的同学。

3. 根据自己的职业理想和职业规划，为自己的面试和应聘设计形象。

（1）分析自己拟从事的岗位的要求和自身的特点，为自己设计面试着装。

（2）设计自己面试时的站姿、坐姿、行姿和交谈的手势。

（3）设计自己面试时的仪容修饰，并学会化淡妆。

（4）训练自己面试时的表情和眼神，使自己充满自信。

第四章 学生在不同场所的礼仪

学习目标

掌握校园行为的礼仪规范。

了解家庭礼仪的内容。

了解公共场所基本礼仪规范。

了解在餐饮活动中的基本礼仪。

了解探病的基本常识。

中国是礼仪之邦，从西周视礼为“国之大柄”到现代的“五讲四美”；从荀子的“国无礼而不宁”到今天的精神文明建设，礼仪一直是社会领域的核心。

随着社会的进步、人们社交面的扩大，礼仪已成为社会文明的标志。人们的正常生活都离不开礼仪。在人际交往中，讲究礼仪不仅是自尊的表现，而且也是对他人的尊重。

为继承和发扬中华民族的优良传统，我们学生应当用规范的礼仪来指导自己的一言一行，要学礼用礼，以礼待人，养成理解、宽容、谦让、诚实的待人态度和庄重大方、热情友好、谈吐文明、讲究卫生的举止行为，成为中华民族优秀的一代。

第一节　校园礼仪

学校是培养和造就高素质人才的摇篮。学生在学校里不仅要学知识、学文化，而且还要学会做人，获得全面发展。校园礼仪就是师生在学校生活学习中应该遵循的礼仪行为规范。

一、进校礼仪

同学们，当你每天迈进校门的时候，你是否注意到自己的礼仪行为规范呢？

读一读

几十年前，我国著名的教育家，天津南开大学校长张伯苓先生就曾在该校的一面大立镜上方悬挂一幅“镜箴”，告诫每个学生都要注意自己的仪表美。“镜箴”上写着：“面必净，发必理，衣必整，钮必结，头容正，肩容平，胸容宽，背容直，气象勿做勿怠，颜色宜和宜静宜庄。”

现在，有许多学校在校门口或教室楼前都置放一块大立镜，用意就是要同学们每天照一照，看看自己的仪容仪表是否符合要求。作为学生，我们必须明白自己的仪容仪表必须符合学校的氛围和学生的身份，保持大方、得体的仪容仪表，是对老师、同学的一种尊重。

进校门之前，我们必须注意以下几个方面。

（一）正确穿着校服、佩戴饰物

穿校服时，应保持校服的整齐洁净，穿着要端正妥贴，以显示出学生良好的精神状态。校服破烂或丢失了，要及时修补。无论在什么情况下，都不能穿着邋遢、污损的校服去上学。不要求穿校服时，我们的服饰也要朴素大方、活泼整洁。衣服要求端庄洁净，符合学生的身份。烫发、穿高跟鞋或浓妆艳抹、披金戴银等这些成人化的装扮既不符合学生的气质，又不利于我们健康成长。作为学生，我们不应该这样打扮自己。

（二）精神饱满、积极向上

注意正确穿着之后，便要注意进校时的姿态。学生正处于青春年少、精力充沛的年龄，就像初升的太阳一样，应是生机勃勃、充满朝气的。踏进校门，是我们每天投入学习的开始，因此，要保持情绪高昂、奋发进取的精神状态，而绝不能萎靡不振、垂头丧气。还要注意的是，进校时要严守纪律，不揽腰搭肩、嘻嘻哈哈，更不可互相追逐打闹，高声喧哗。

此外，学生进出校门都要佩戴校徽。校徽是学校的标志。坚持佩戴校徽，既能提高自身的荣誉感和责任感，督促自己养成遵纪守法的习惯，还方便了学校的保卫工作人员搞好工作，有利于维持学校的正常秩序。

（三）积极接受门卫的指正

通常，学校都设有门卫。门卫的职责是加强学校的保卫工作，防止外人或坏人进入学校，干扰和破坏学校的正常秩序；同时，他们也负责检查学生的仪容，以维护学校良好的校风校纪。一些学校除设有门卫外，还安排一些同学轮流值勤。值勤同学的职责主要是配合、协助门卫人员，维护学校秩序，对违反校规校纪的同学进行批评帮助，督促其改正。因此，我们每个同学都必须虚心接受门卫与值日同学的指正与督促。

进校时，门卫和值勤同学会检查我们是否佩戴校徽，仪容是否整洁，甚至要求我们出示学生证等。这时，我们不能产生抵触情绪，而应该积极配合。进校时衣冠要端正。夏天不能穿背心、拖鞋进校。骑自行车的同学要主动下车。进入校门时，应主动佩

戴校徽，团员还应佩戴团徽。如因特殊原因未能佩戴校徽，应主动向门卫和值勤同学说明，以求谅解，经批准后再进校门。如果自己的举止不符合校规，受到门卫或值勤同学的批评时，态度应虚心诚恳，不可抵制批评，甚至做出粗暴的反应或其他不良表现。

二、教学区礼仪

（一）基本礼仪规范

学生在教学区、楼道内行走要慢步轻声，不追逐、打闹，不高声喧哗；在道路上行走靠右；在校园内进出或上下楼梯与老师或来宾相遇时，应主动向其问好；爱护公共设施，不践踏花草树木。

（二）办公室礼仪

需要向老师请教问题、给老师送作业本或找老师有其他事情时，我们常常去到老师办公室。老师的办公室是老师们备课、教研和交流的地方。作为学生，随便出入其中，是非常不礼貌的行为。因此，同学们应记住，进入老师办公室必须先敲门或先喊报告，征得老师同意后，方可进去。

经老师允许，进入办公室后，应放慢、放轻脚步，不影响老师备课、办公和休息。见办公室有其他老师在，要主动、热情地问好。

在老师办公室，不能乱翻老师的东西。老师的办公桌上或抽屉里都放有教科书、参考书、备课本、作业本、考试卷等，被翻乱后，教学工作就会受到影响。老师的抽屉里一般都会放有一些保密的东西，如未启用的试卷、不公开的学生成绩表、日记本、信件等。这些东西被翻乱、泄密或丢失后，都会造成不良的后果。因此，乱翻老师的东西，是对老师的不尊重、不礼貌，是非常不道德的行为，也是影响教学的行为。

在老师办公室不要停留太久，否则会影响老师的工作和休息。

因此，每个同学都要尽量减少在老师办公室中逗留的时间。这样做也是对老师的爱护和关心。

轻声轻语，保持安静。在老师办公室里说话要小声，不要随便发出声响，应尽量不影响其他老师的正常工作，更不要在办公室里东张西望。走出办公室时，应和老师道别。老师在办事或与别人交谈时，不可随意打扰老师，应耐心站立一侧，等老师办完事或谈完话后再找老师。跟老师谈话时应采取站立姿势，经同意方可坐下。向老师汇报工作，或回答老师的问题，态度要诚恳，语气要平和。

另外，学生对老师的相貌和衣着不应指指点点，评头论足，要尊重老师的习惯和人格。

三、课堂礼仪

（一）课前准备

课前做好充分准备是身为学生必备的礼貌。在预备铃响时进入教室，准备好课本、练习本、文具等，安静端坐，等待老师的到来，是对老师最起码的尊重。做好课前准备，既是上好一节课的良好开端，又表达了对师长的尊敬，可以拉近师生之间的关系。

对同学们来说，课前准备是从上一堂课转向下一堂课，从室外活动转入室内学习的一种过渡，它可以帮助我们在短时间内使自己的思想尽快集中起来，为下一堂课做好精神准备。如果每位同学都充分做好上课准备，这既能为自己上好每一节课打下基础，又能表达对整个班集体的尊重。否则，整个班级的上课质量都将受到影响。

（二）课堂

1．上课

上课的铃声一响，学生应端坐在教室里，等待老师上课。当

老师宣布上课时，全班应迅速肃立，向老师问好，待老师答礼后，方可坐下。若因特殊情况，不得已在老师上课后进入教室的，应先得到教师允许后，方可进入教室。

2. 听讲

在课堂上，要认真听老师讲解，注意力集中，独立思考，重要的内容应做好笔记。当老师提问时，应该先举手，待老师点到你的名字时才可站起来回答。发言时，身体要立正，态度要落落大方，声音要清晰响亮。

为了上好一节课，老师在课前都要花不少心血钻研教材，备写教案，以便在有限的时间内把更多的知识更好地传授给同学们。在课堂上，学生要遵守课堂纪律，这既是尊重老师的表现，也是尊重同学、集体的表现。

老师在上课时，如果学生的课堂纪律好，能认真听讲、做好笔记、积极发言、不窃窃私语，会使老师沉浸在备受尊重的氛围中，其思路就会更顺畅，教学水平也会随之发挥到较佳状态。反之，假如一些同学不遵守课堂纪律，思想开小差，爱做小动作，甚至旁若无人地交头接耳，就会扰乱课堂秩序，使老师感到缺乏应有的尊重，从而产生沮丧、失落之感，思路也随之被打乱，授课水平会因此而下降。课堂上，任何一个同学扰乱了课堂秩序，势必都会影响其他同学的上课情绪。要么是爱搞小动作、爱说话的同学影响到前后左右的同学听不了课，要么是老师不得不中断上课来批评、提醒一些不遵守纪律的同学，这样不仅浪费了全班同学的时间，而且也打断了同学们听课的连贯性。

正因为这样，每个学生都应遵守课堂纪律，这既是对老师、同学的尊重，也是对自己的尊重，更是对知识和学业的尊重。

3. 回答提问

在课堂上，老师提问是必不可少的教学手段，每个同学都应该积极、主动地回答老师的提问。

主动回答问题时，应先举手，经老师允许后起立发言；老师未点到自己的名字时，不要抢先答话。起立回答时，姿势、表情要大方，不要故意做出懒散或引人发笑的举止。说话声音要清脆，音量要适中。发言后，经老师允许方可坐下。对老师的提问，自己没把握，而又偏偏被点到名时，切不可有抵触情绪。在其他同学回答老师提问时，不要随便插话。别人回答错了或者回答不出，不可在一旁讥讽嘲笑。只有当老师问“哪个同学能回答这个问题”时，自己才可以举手，得到老师允许后，再站起来回答问题。

4. 对待批评

由于有些同学在课堂上违反纪律，影响学习，因此免不了受到老师的提醒与批评。但这些受到批评的同学往往心里十分不高兴，认为当着全班同学批评他是故意让他丢脸，从而对老师满肚子怨气。更有甚者，还当场顶撞老师，态度恶劣。显然，这些都是错误的、没有修养的行为。有过失的同学，应该怎样理解和对待老师在课堂上的提醒、批评呢？

我们首先应认识到，一堂课，只要有一两个同学在那里窃窃私语或做小动作，都会使整个班级的学习气氛受到破坏，影响老师的讲课情绪。这时，老师及时的提醒与批评是理所当然的，这也是老师的职责所在。同学们应该愉快地接受，并立刻改正。

当然，有的同学由于生性好动，有些坏习惯不容易很快地改正。但无论如何，对老师在课堂上及时的提醒与批评，我们绝不能不当一回事，更不能因此顶撞老师。相反，应时时克制自己，重视老师与同学的提醒，尽力纠正缺点和坏习惯，做一个讲文明、守纪律的优秀学生。

5. 迟到

学生迟到　上课迟到会影响课堂秩序，相信每个同学也都不愿意迟到。但是，有时候我们也确实会遇到特殊情况，不得已在上课之后才进入教室。这时候，我们该怎样做才对呢？

我们应站在教室门口先喊“报告”。如果门关着，那就应先轻敲门，经老师允许后，才能进入教室。要向老师说明迟到的原因，

说话态度要诚实。假如课堂上不便说，也可下课后主动跟老师说清楚。应在老师的谅解和批准后，方可回到座位。回座位时，速度要快，脚步要轻，动作幅度要小。在放置书包与拿课本时，尽量不要发出声响。更不能为了掩饰自己的窘况，反而故意做出惹人发笑的举止。坐下之后，应迅速集中精力，取出课本和笔记，认真听老师讲课。

总之，迟到了的同学应该记住努力减小自己给班上带来的干扰，要把由于自己迟到而对课堂秩序造成的影响，减小到最低程度。

老师迟到 上课时，学生可能迟到，老师也可能迟到，因为生活中总会偶发一些原先不曾意料得到的特殊情况，使教师不能准时到达课堂。例如，因接待来访的学生家长，一时无法终止谈话；接受领导工作安排，老师暂时不能离开；也可能突然间身体不适等。在这种情况下，作为学生，我们一定要以理解、冷静、正确的态度来对待。

当学生发现教师在上课铃已响过后，才进入课堂上课时，不要大惊小怪，不要喧哗，不要大声议论，而仍应起立向老师致礼。当老师就迟到的原因作出解释并表示歉意时，我们应表现出谅解和宽容的态度。这样会使教师感到温暖亲切，从而融洽师生关系，增进师生情谊，使课堂教学收到更好的效果

（三）下课

听到下课铃响时，若老师还未宣布下课，学生应当安心听讲，不要忙着收拾书本，或把桌子弄得乒乓作响。下课时，全体同学仍需起立，与老师互道："再见。"待老师离开教室后，学生方可离开。

想一想

校园内与老师相遇有哪些礼仪要求？

课堂上我们需要注意的礼仪有哪些？

四、同学之间的礼仪

同学之间的深厚友谊是生活中的一种团结、友爱的力量。注意同学之间的礼仪礼貌，是我们获得良好同学关系的基本保障。

同学相处的原则：相互尊重和帮助，宽容理解，善解人意，讲究礼仪。

同学之间要互相帮助，谈话要多使用礼貌用语，不要恶语伤人。同学间可彼此直呼其名，但不能用“喂”等不礼貌用语称呼同学。在有求于同学时，需用“请”、“谢谢”、“麻烦你”等礼貌用语。

对同学的相貌、体态、衣着不能评头论足，也不能给同学起带侮辱性的绰号，更不能嘲笑同学的生理缺陷。

同学间不搞小团体、小集体，不影响同学之间的团结。

借用学习和生活用品时，应先征得同意后再拿。对同学的东西要特别爱护，且按时归还，并要致谢。损坏同学的东西要主动赔偿。

讲究信用，答应别人的事要尽力办到。

对于同学遭遇的不幸，偶尔的失败，学习上暂时的落后等，不应嘲笑、冷笑、歧视，而应该给予热情的帮助。在这些事关自尊的问题上一定要细心，同学忌讳的话题不要去谈，不要随便议论同学的不是。

五、住校礼仪

（一）遵守校规校纪

住校生生活在学校里，宿舍成了临时的家，平时学习、生活及其他活动都是在这个集体大家庭里进行的。但宿舍毕竟又不同于真正的家，因而住校生生活在这个大家庭里，必须受特定的规

章制度与道德礼仪的约束，遵守住校守则。

（二）爱护宿舍清洁卫生

注意保持宿舍整洁，按轮值的方法定期打扫宿舍，冲洗地板、洗手间、桌子、门窗等。自觉搞好个人卫生。早上起床后，床铺要收拾干净，被褥蚊帐要铺叠整齐，衣服、鞋帽要整齐地摆放在指定的地方。衣服袜子要勤换勤洗，若换下来不能及时清洗的，则要注意不乱丢，要放置在妥当隐蔽的地方。盥洗用具、吃饭用具等要安放整齐，不与别人的靠叠一起，更不要随便混用，以减少感染疾病的可能。食用糖果、点心等时，要与舍友们共享，不要私下独自大吃大啃。吃不完的食物要密封，以确保卫生。

（三）爱护公物、安全第一

爱护宿舍内的公用物品，使用后要及时放回原处，不可乱丢。个人重要物品不乱丢、乱放，应妥善保管，以免因遗失而引起同室舍友间的不信任情绪。

刮风下雨时要注意关好门窗，晚上睡前要记得关灯。平时用电、用火要注意安全。熄灯后应立即休息，不要再点灯或蜡烛，以免影响舍友休息，甚至造成火灾。打开水时应注意安全、谦让，不要拥挤，避免烫伤。

（四）尊重同学、团结友爱

同一个宿舍的同学共同生活在一起，这就要求互相之间都要讲究礼貌和修养。

1. 尊重舍友，礼让三分

宿舍内，应讲究语言文明，不可乱叫同学绰号，不可讲粗话或下流话。宿舍是同学们休息的场所，学习之余，在宿舍里下棋、听音乐、弹吉他等，这些都是正常的课余生活，但这一切都要以尊重舍友，以不妨碍舍友的起居和学习为前提。每个同学的兴趣爱好、生活习惯、性格情趣可能不尽相同，因此，自己娱乐时，便要十分节制，不能侵犯其他同学休息的自由。例如，播放音乐时应尽量使用耳机，或把音量调轻；夜间迟归或上下床时，动作要轻柔。

2. 尊重集体的生活秩序

在集体宿舍里，不随便使用、翻弄或移动别人的东西，如有特殊情况不得不使用他人的东西时，要坚持事先征得别人同意后方可使用，更不能擅自拿用他人东西，借东西要经主人同意，用后及时归还。若损坏，应照价赔偿。

个人用品要安放好，不要随处乱丢，如遗失物品，不要胡乱猜疑别人；平时要遵守作息时间，起床、休息、自修、用膳、熄灯等，都应按学校规定的作息时间进行。

3. 彼此关心，相互帮助

当舍友生病的时候，要主动关心，热情照顾，如陪同看病、帮忙打饭、打开水等；遇到舍友在生活上有困难时，要尽力帮助。舍友间彼此关心，互相帮助，还应体现在一些日常小事上。如有的同学衣服晾在外面忘记收了，应当帮其收回来；有的同学物品损坏或丢失了，应主动大方地相借等。

4. 宽以待人，有错就改

大家同处一室，日常生活中难免发生一些矛盾和不愉快的事情。大家要克制自己，宽以待人，互相谅解。当其他同学发生争执时，不要袖手旁观，应耐心劝解，搞好团结。如自己违反了宿舍的规则，或做了不文明不礼貌的事情，要虚心接受别人批评，知错就改。切不要强词夺理，或对别人怀恨在心。

5. 不干预舍友的私事

要把宿舍变成一个温馨和睦的家庭，舍友之间必须互相帮助，互相关心。但如果你在关心别人的同时却又太热衷别人的私事，对别人一些不愿公开的隐私太感兴趣，常常对其寻根问底或私下探问，这便会引起对方的反感。日常生活中，不论你是有意或无意干预别人的私事，客观上，这些都是缺乏教养、令人反感的表

现。同居一室的同学朝夕相处，接触的时间比较多，更应注意这些，在集体生活中既关心舍友，但又不干预舍友的私事。

不干涉别人的隐私，第一，不可私下偷看舍友的日记；其次，不可私拆舍友信件；第三，不可打听舍友的隐私；第四，不可偷听舍友谈论私事；第五，不过分干预舍友的活动。

（五）宿舍接待礼仪

在宿舍接待客人时，要在客人进入宿舍前与各位舍友打声招呼。进宿舍后，应以主人身份，把客人介绍给舍友。招呼客人时，不要高声谈笑；客人逗留过久而要到上课时间时，应对客人作适当婉转地提醒；假如客人来访时正碰上休息时间，则应带客人到宿舍外面交谈；假如来访的是异性客人，则应顾及舍友衣着等。

到其他宿舍拜访时，进门前应轻轻敲门，征得允许后方可进入。进宿舍后，应主动与其他同学打招呼。落座时不要随便坐其他同学床位，应坐椅子上或你要找的朋友的床位上（如果你的朋友睡上铺，那么，要征得下铺同学允许后方可坐下）。到其他宿舍去，切忌动用或翻弄别人的东西；交谈时声音要放轻，逗留时间也不宜太长。

若到异性宿舍串门拜访，则更应特别注意。应在该宿舍其他同学方便的情况下，征得同意后才能进入。

原则上学生不串其他宿舍，不能去异性宿舍拜访。

六、学校其他场所礼仪

（一）集会礼仪

集会是一种团体活动，中学集会根据性质可分为庆典集会、纪念集会、动员集会、传播集会、交流集会等；根据规模可分为大型集会、小型集会等。

参加集会，要做到以下几点礼仪要求：

（1）集合“快、静、齐”。学生应有序地准时到达集会地点，在指定位置就座，静候集会的开始。切忌在会前三五成群地出入集会场地，或你叫我嚷，前呼后应，更不能滋事生非，扰乱会场。

（2）会场守纪律。会议开始后，要听从大会组织者指挥，按要求起立、唱歌、呼号、落座、听讲；会议结束则应有序退场。

（3）会中讲礼貌。在介绍来宾时，要目视来宾并适时鼓掌欢迎。主讲人讲话前要鼓掌欢迎，中间如有精彩处要报以掌声，讲完后要鼓掌致谢。来宾退场时要鼓掌欢送。要爱护公物，保持会场清洁，不可随意搬动会场公共设施，不可践踏桌椅，不可乱扔果皮纸屑。

（4）保持会场气氛。在会中不能交头接耳、瞻前顾后、读书看报、来回走动，要注意和宣讲者保持交流，适时报以会意的笑声和掌声。

参加代表会、座谈会时，应按时到达会议地点，按要求签到和领取有关资料，到指定位置就座。会前或通过有关材料了解会议的程序和议题，大致领会会议精神，准备好记录用具或做好发言准备。

在会中要注意听讲、做好记录，保持同主持人和主讲人的交流，通过眼神和姿态对所讲内容作出一定的反应，让主讲人能及时调整自己的讲话速度、思路、内容。在主讲人或特邀发言人讲话时，要表现出礼貌，根据场合或点头示意，或鼓掌欢迎。切忌交头接耳、读书看报，也不要随便插话打断别人的发言。会中有事外出需打招呼。散会时整理好材料，收拾好用具，摆好原有物品，同主持人点头示意离去。

会议结束后要遵循原则，不可会上不说，会后乱说；不能当面不讲，背后乱讲。需要宣传的会议精神，按会议要求去办。

（二）图书馆、阅览室礼仪

图书馆、阅览室是公共的学习场所。在图书馆、阅览室学习，要注意整洁，遵守规则。不能穿汗衫和拖鞋入内。就座时，不要

为别人预占位置；查阅目录卡片时，不可把卡片翻乱、撕坏或用笔在卡片上涂抹画线。还要保持安静和卫生，走动时脚步要轻，不要高声谈话，不要吃有声或带有果壳的食物，这些都是有悖于文明礼貌的行为。对图书馆、阅览室的公共财产要爱护，不要随意破坏。

（三）食堂里的礼仪

很多学生都需要上食堂打饭，因此，在食堂里的礼貌也不可忽视，必须要做到以下几点。

（1）依次排队。在食堂打饭时，有些同学喜欢在人群中挤来挤去，寻找机会插队，这是不文明的行为。正确的做法应该是：按先来后到，依次排队。

（2）尊重炊事人员。打饭时，有的同学会因为炊事人员找错菜票、做的菜不合口味或认为炊事人员分饭菜不合理等原因，而与炊事人员发生争执，这也是不文明的举止。待人要宽容，炊事人员劳累了一天，偶有差错，我们也应给予体谅。假如炊事人员真有不妥之处，作为知书识礼的学生，也不必当场吵闹，而应在事后向学校管理部门反映，请求解决。

（3）讲究卫生。在食堂里，有的同学打了饭，常常一边走路一边吃；还有一些同学，习惯于把骨头、菜屑到处乱丢。这既是不卫生的行为，也是有失礼仪的行为。吃饭时应坐下来，骨头、菜屑放一处，吃完饭后再将其倒在指定的地方。

第二节　家庭礼仪

家庭是人生的第一所学校，父母是人生的第一位老师。对于同学们来说，家庭还是我们人际交往的起始点，父母及亲友是我们最初的，也是最密切的交往对象。

家庭是我们人生的第一个港湾，我们在其中受到孕育，受到庇护，并开始了航行人生大海的准备。从这个意义上讲，家庭生活也是社会生活的提前训练。只有从家庭生活中，从与我们最亲近的家人相处中，开始学习做人的礼貌，不断提高自己的修养，养成文明的习惯，才可能进而在社会上做一个文雅、得体和备受欢迎的人。

家庭是构成社会的细胞，家庭对于每个文明人来说永远是生活的大本营、人生旅途的庇护所和加油站。家庭是与外界取得联系、进行交往的重要场所。很多仪式、礼节活动都是在家庭中举行的。同学们既是学校中的一员，更是家庭中重要的成员。因此，掌握家庭礼仪具有非常重要的意义。

一、家庭礼仪的含义

家庭礼仪指人们在长期的家庭生活中，用以沟通思想、交流信息、联络感情而逐渐形成的约定俗成的行为准则和礼节、仪式的总称。家庭礼仪是维持家庭生存和实现幸福的基础，家庭礼仪能调节家庭成员之间达成和谐的关系，家庭礼仪也有助于社会的安定和国家的发展。

二、家庭礼仪的特点和内容

（一）家庭礼仪的特点

家庭礼仪的基本特点主要表现在以血缘关系为基础，以感情联络为目的，以相互关心为原则，以社会效益为标准四个方面。

（二）家庭礼仪的内容

1. 成员礼仪

家庭成员是家庭活动的主体，也是家庭礼仪的具体操作者，其地位相当重要，可以说，家庭礼仪在某种程度上就是成员礼仪。

成员礼仪主要指成员之间的礼仪规范，如夫妻之间的礼仪、父母子女之间的礼仪、兄弟姐妹之间的礼仪等。

2. 称谓礼仪

一个人的姓名称谓其实是一种约定俗成，并得到了大家公认的符号，因此，称谓存在着很强的适应性和广泛性，并紧紧伴随着家庭成员之间的人际交往。称谓礼仪有两点需要特别注意：礼貌性和规范性。

3. 仪式礼仪

家庭活动中离不开某些仪式，如婚礼，葬礼等。这些仪式都有各自不同的一套行为准则与活动规范，举办者与参加者虽然所处的地位、立场不同，但其行为都应遵从或符合一定的礼仪规范和要求。

4. 待客与应酬礼仪

礼仪作为行为准则，不仅制约实施者一方，同时也要求另一方遵守规则和规范。在家庭礼仪中就涉及主人的待客与客人的应酬的问题。这一问题从其内容来说，因为涉及的大多是家庭生活，故属于家庭礼仪的研究范畴；从其形式来看，它也是与个人礼仪、社交礼节密切相关的。

三、家庭成员间的礼仪

（一）尊敬长辈，孝敬老人

在一个家庭中，尊重父母、长辈、兄弟姐妹和其他家人，讲礼貌、互相体贴关心、彼此宽容体谅、以礼相待等，都是最基本的礼仪要求。在家庭生活中，我们要尊重父母的意见和教导，经常和他们交流思想、生活、学习情况；主动求得长辈、父母的教育、帮助，听取他们的教导和指点；关心体贴父母，承担力所能及的家务劳动，主动帮助父母洗菜、烧饭、洗刷餐具等。进父母和长辈的房间要先敲门，经允许后方可进入。不得随意翻动父母的私人用品。对父母态度要端正，不顶撞父母、长辈。不闹脾气，对父母的不正确言行要宽容并适时适度地解释、说明。

在家庭生活中，我们还应该做到孝敬父母，主动为父母服务，表达对父母的孝心，尽可能地减轻他们的负担；孝敬老人，并给予他们特殊的照顾，如给他们盛饭，睡觉时为他们铺床盖被放蚊帐，在他们走动时予以搀扶，有空时陪他们说话解闷等，如果老人病了，更要给予精心的照料，主动为其煎药，喂药，问寒问暖。当老人家唠叨时，我们应耐心地听其述说，就算所言不妥，也让他们说完以后再作解释。

学会料理个人生活，自己的用品收放整齐，不乱摆放。生活节俭，不浪费，不摆阔气，不向父母提超越家庭经济条件的过分要求。做错事要勇于承认，有过错不要隐瞒、撒谎。

（二）勤向父母问候，外出不忘打招呼

在家里，子女向爸爸妈妈勤问候，是尊重和体贴他们的实际表现。在节日或父母生日时，更要送上一声亲切的问候和祝福。

出门打招呼，回家报平安，这更是家庭成员必具的一种礼貌。

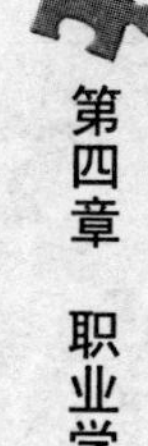

（三）兄弟姐妹相处的礼仪

现在我们大多数同学都是独生子女，但也不可避免会与自己的堂兄堂妹、表姐表弟在一起生活，有些甚至会和外来子女在一起共同生活。正确处理好与兄弟姐妹之间的关系，有助于融洽家庭氛围，协调父母和子女间的关系。

兄弟姐妹相处应该互相体贴关心，互相帮助，产生矛盾时不争不吵、互谅互让、和睦相处。

在家里，假如你是哥哥姐姐，那就应努力做到：时时以身作则，努力成为父母的得力助手；多干家务活；遇事要宽宏大量，不与弟弟妹妹斤斤计较，更不要以为他们比自己小就随意指挥其干活；当弟弟妹妹求教或请求帮忙时，应耐心帮助和解答，切忌

不耐烦或不屑帮忙。弟妹有错时，不要在父母或他人面前斥责他们，以免伤害他们的自尊心，更不能经常在父母面前“告状”，而引起他们的反感。万一与弟妹发生争吵，应当着弟妹的面，在父母面前作自我批评。

假如你是弟弟妹妹，要尊重哥哥姐姐。不能存有“我比你小，你应该让我”的心理，更不能娇蛮无理，干什么事都不把哥哥姐姐放在眼里，为所欲为，不为他人着想。与哥哥姐姐发生争执时，不要利用自己的得宠地位到父母亲面前去“告状”，以免加深兄弟姐妹间的隔阂。

总之，兄弟姐妹之间要相互谦让，彼此爱护。长爱幼，幼尊长，情同手足，共同创造温馨和睦的家庭。

（四）家庭成员之间的称谓礼仪

按照我国的传统习惯，人称，即称呼自己谈话所涉及的对象，这在家庭或至亲之间运用起来比较简单，通常都随俗称，如称父亲、母亲、表兄、表弟等；自称，即在谈话对象面前称谓自己。

四、待客礼仪

（一）迎客的礼节

当客人上门拜访的时候，假如家长在家，这时候，我们应该和家长一起把客人迎进屋，并热情和客人打招呼：“您好!”进入室内后，一般请客人坐在最佳的座位上，然后，主动协助家长沏茶端杯。如果是冬天，若客人进屋后脱下帽子或大衣，要主动上前接下，帮助挂好。假如客人显示出有要事与家长交谈，我们应该主动回避，客气地打一声招呼，然后离开。

若客人来访时，恰好父母不在家，应把熟悉的客人迎进门，打招呼，倒茶招待。假如家长快要回来时，你可请客人稍等；假如家长一时回不来而客人有急事要走时，可以问客人有什么事需要转告。对陌生来客，可以让他们在门外留个字条。客人来访时，如正赶上家里吃饭，应邀请客人一起进餐。如果客人不肯入座，那么，征得客人同意后，可以继续吃饭。但此时要安排客人坐下，找报刊给客人翻阅，或让客人先看看电视，听听音乐，免得使客人产生受冷落之感。之后便应尽快吃完饭，以免让客人久等。当然，有时客人来时还会碰上其他一些特殊情况，无论怎样，我们都应配合好家长，对客人热情迎接，讲究礼貌，设法为其解除尴尬困窘，使其感受到主人家的热情与周到。

（二）待客禁忌

一忌蓬头垢面，身穿短裤、内衣、睡服，甚至赤裸上身待客；二忌旁若无人，我行我素；三忌谈话心不在焉，答非所问，一心二用；四忌乱翻乱弄礼品、物品；五忌对客人视若不见，爱理不理。

（三）送客礼仪

客人来访，要以礼相待；客人告辞，应以礼相送。当客人表示要走时，可以婉言相留，但要尊重他们的意愿，不能强行挽留。客人提出告辞后，应等其起身，自己再起身相送。送客时，应该和家长一起把客人送到门口并说“再见”。对待长辈和年老体弱的老人，还应视情况需要，帮助其下楼上车，再与之道别。不可刚和客人道别，马上就转身进门。更不可在客人刚跨出门槛时，马上就“砰”的一声把门关上。这些都是非常失礼的。

客人来访，常常会带些礼品来。对此，送客时应再次表示谢意。而当家长回送一些礼物给客人时，我们应该大方地劝客人收下礼物。客人告辞时，倘若自己正忙于学习而无法送行时，应向客人有所说明，表示歉意。要是客人表示告辞时，自己一声不吭或无所表示，不管再有多少理由，都是失礼的。

（四）接待家访老师的礼仪

家访是教师必须经常进行的工作。老师通过家访，了解我们在家的情况，让家长清楚我们在校的表现和行为，以便双方密切配合，争取将同学们培养成一个更优秀的学生。

当老师上门家访时，我们应在第一时间里，做到热情招呼，恭敬地出门迎接。若老师是初次上门，应在第一时间里，给老师和家长做相互介绍，安排老师入座并敬茶。茶杯要用双手端送给老师。在一般情况下，为了便于老师和家长交谈，学生应作礼貌性的回避。如果老师请学生留下，则可以静坐在一旁倾听老师和家长的交谈，并有礼貌地作出一些反应。当老师告辞时，学生一定要亲自将老师送出大门，并热情道别。

五、就寝、起床礼仪

按时就寝，按时起床，遵守就寝、起床的礼仪规则，是一种有规律的、有教养的生活习惯。同学们应该从小就学会有规律的生活，养成良好的生活习惯。

按时上床睡觉。一般应在晚上 10 点左右上床睡觉，保证每天睡眠不少于 8 个小时。准备就寝前，应先收拾好摆放的学习用具、书籍，准备好第二天上课需要的学习用具，提前装入书包。上床前要刷牙、洗脸，睡前要洗脚，不再吃零食。最好先到厕所方便一下，不然半夜里起来上厕所，既不方便，也打扰家人睡觉。睡觉前要先告知父母，道一声“晚安”。

睡觉前不要在床上看书；入睡时要关灯，不要亮着灯睡觉，不然会影响视力，损害身体，还浪费电。如果有闹钟，要定好早上起床的时间，上好闹铃。如果半夜里要起床上厕所，注意脚步要轻，开门关门要轻，不要弄出响声，以防打扰家人休息。

按时起床（一般在早上 6 点 30 分起床为宜），养成一种良好的生活规律。闹钟一响，或听到父母呼唤，应当迅速起床。起床时动作要迅速，有条理。起床后，要自觉主动地叠好被褥，做到自己能做的事情要自己做。刷牙时，不要故意发出“咕噜咕噜”的声响。起床后，见到父母要问候。

六、家庭礼仪禁忌

家庭礼仪的禁忌包括以下几个方面。

（1）老小相处四忌。一忌不尊重老人；二忌不关怀人；三忌不体谅老人；四忌不能宽厚待人。

（2）亲戚交往三不。第一，不以贵贱认亲戚；第二，不要由于亲戚之间的私利而放弃国家利益和组织原则；第三，不要老死不相往来。

（3）邻里交往五忌。一忌以邻为壑；二忌“各扫门前雪”；三忌在邻居间说长道短，搬弄是非；四忌无端猜疑；五忌自以为是“常有理”。

（4）老乡交往三忌。一忌狭隘的地方观念；二忌拉帮结派的不正之风；三忌出现感情用事的现象。

第三节　公共交通礼仪

一、行路礼仪

（一）注意安全

（1）别在马路上滑旱冰。马路上人来车往，容易出事。冬天马路上积雪成冰，也一样不可以去滑。

（2）在马路上玩跳绳、跳方格，既妨碍交通，又不安全。

（3）踢足球、捉迷藏等也不要到大街上玩，就是在小胡同里，也容易撞上突如其来的车辆。

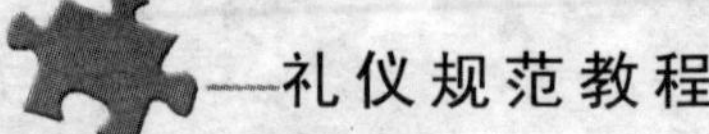

(4) 隔着马路相互喊话、问候，也容易被往来的行人、车辆碰撞，所以要尽量避免。

（二）问路

向别人问路时，事先要用尊称，问过之后，不管对方是否能指明道路，都要对人道谢。如果是乘车或者骑车问路，要先下车，然后礼貌地请教别人。

（三）路途

1. 与人方便

通过狭窄的路段时，应请他人先行。在拥挤处不小心碰到别人，要立刻说“对不起”，被碰到的人应该说“没关系”。在路上遇到老弱病残者，应主动上前帮助，不要歧视，更不要讥讽。要靠右侧通行，自觉地走人行道，还应自觉让出专用的盲道。不要多人携手并肩前行，这样影响后面的人走路。也不要在路上停留、休息或与别人长谈。

2. 不尾随

走在公共场合时，要注意与其他人保持适当的距离，特别不要对人进行尾随。如果路上遇到熟人，要用适当的方式与对方打个招呼。但一定要选择路边人少的地方站立，不要妨碍他人行走，更要注意自己的人身安全。

（四）乘电梯的礼仪

1. 进入莫急

电梯门打开时，先等别人下电梯。此时可用手扶着电梯门边上的橡胶条，不让门关上，使大家有足够时间上电梯。当电梯关门时，不要扒门，不要强行挤入。在电梯人数超载时，不要非进去不可，可以等下一趟电梯。

2. 出入有序

与不相识的人同乘电梯，进入时要按先后顺序，出来时应由外向里依次而出，不能抢进抢出。

与熟人同乘电梯，尤其是与尊长、女士、客人同乘电梯时，应视电梯类别而定：进入有人管理的电梯时，应主动后进后出。进入无人管理的电梯时，则应当先进后出，先进控制电梯，让他人进入不急，后出也是为了控制电梯，让他人可以从容走出。

电梯到达时，熟人之间也不要太过客气，你推我让，以致耽搁时间，引起电梯门前乘客不满。

电梯的由来

电梯是建筑物中用电做动力的升降装置。电梯源于美国。1853年，美国的奥梯斯公司发明了以蒸汽做动力的载人升降机。1887年，这个公司又制造出了一台直流电动机传动的升降机，取名电梯。这可以说是世界上第一台电梯。

1900年，世界上又出现了以交流电动机传动的电梯和以双速电动机传动的电梯。1902年，瑞士的迅达公司研制成功了世界上第一台按钮式自动电梯，它采用了全自动的控制方式，提高了电梯的输送能力和安全性。以后，随着高层建筑的增多，电梯的运用率提高，其功能也大有提高。1900年，美国奥梯斯公司制成了世界上第一台电动扶梯。1950年，该公司又制成了安装在高层建筑外面的观光电梯。电梯变得普及、先进起来。

（五）乘自动扶梯（滚梯）的礼仪

乘坐商场、地铁里的自动扶梯，应该靠右站，把左边的通道留给有急事的人。不要逆着扶梯运行方向拼命朝下跑，这样不仅不安全，也会给别人造成不便。自动扶梯运行时，头、手不要伸出扶梯外，更不要在扶梯上开玩笑。也不要把钥匙等小物品掉到滚梯的缝隙里面。女士还要小心裙子下摆别绞入其中。

做一做

同学们分成若干小组，每组准备一台摄像机或照相机，到不同地方去拍一些镜头。

地点：繁华地带、商场、一般街道、操场等不同地方。

拍摄对象：人们走路的姿势举止等。

要求：有代表性的镜头，包括规范得体的行路举止和不规范的行路举止。

每组派代表汇报自己组观察和拍摄的结果，并根据结果总结在行路过程中应遵守的规范，以及哪些举动是不受欢迎的。

想一想

1. 不受欢迎的举止。

____

____

2. 我们行路中应该怎样做才能体现出自己高雅的气质和良好的修养？

____

____

3. 写出下列情况下需要注意的事项。

漫步；道路上行进；下楼梯和扶梯；进出电梯；出入房间；通过走廊；拥挤之处；排队。

二、乘车礼仪

（一）骑自行车的礼仪

要严格遵守交通规则。不闯红灯，骑车时不撑雨伞，不互相追逐或曲折竞驶，不骑车带人。遇到老弱病残者动作迟缓，要给予谅解，主动礼让。

想一想

1. 骑自行车的注意事项。
2. 哪些举动会导致骑车出现危险？
3. 你是否知道有同学因骑车时的危险举动而出现过问题？

做一做

让我们撰写一份倡议书，共同行动，拒绝危险骑车，从我做起。

（二）乘坐公共汽车（地铁）的礼仪

1．上车要排队

如果等候公共汽车（地铁）的人较多，应该自觉地以先来后到为顺序，排队候车、排队上车。排队时，应站在站台上，不要拥入街道之上，妨碍交通。

公共汽车（地铁）进站后，要等车停稳了，才能按照排队顺序依次上车。不要蜂拥而上，挤作一团。

上车时，要礼让他人。上车后不要抢占座位，更不要把物品放到座位上替别人占座。对行动不便的老人、孕妇、病人、残疾人以及怀抱婴儿的乘客，要照顾谦让、主动让座。如果车太挤，上不去了，应该等待下一辆，不要扒门硬挤。

2．注意礼让

乘坐公共汽车（地铁）时，如有可能，应与其他人的身体保持一段距离，如果因为车辆摇晃或自己不小心碰撞、踩踏了别人，应立即道歉。如他人因此向自己道歉，则应大度地表示“没关系”。

在公共汽车（地铁）上，除了座位外不宜随处乱坐。不要把腿伸到过道上，不要跷二郎腿。有人通过时，应主动相让。

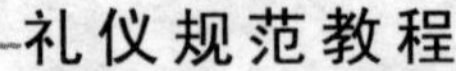

在公共汽车（地铁）上，应该把自己随身所带的物品放到适当的位置，不要让它占座位、挡路。不要在车上吃东西，特别是那些汁水多或容易掉渣的东西，以免弄脏车子或他人的衣物。

做一做

（1）列举一些不文明的乘车行为。

（2）组织一些同学分别到附近公共汽车（地铁）总站，采访一些乘务员，谈谈在乘坐公交车时最不文明的行为有哪些？

（3）组织一些同学乘坐公共汽车（地铁）进行跟踪记录。如实记录在老人、孕妇、带小孩的妇女、残疾人等需要帮助的人上车后，在车上有多少人次为他们让出座位。车上的乘客有哪些不文明行为。

（4）组织一些同学到公交车站做义务秩序维持员，谈自己的见闻和感受。

（5）让一些经常乘坐公交车的同学谈车上见闻，并说出自己在车上有无主动让座的行为。

（6）根据这些同学汇报的资料，共同总结乘坐公共汽车（地铁）的不文明行为有哪些？

（7）制订一个文明乘客守则，开展一次义务宣传“做文明市民”的社会实践活动。

（三）乘坐出租车的礼仪

乘坐出租车时，上车后应主动向司机问好，并准确告知自己想抵达的目的地。

说目的地时，一定要清晰而且详细，如有可能，还应建议司机走哪条路线。

（四）乘坐轿车的礼仪

1. 主人驾车

由主人亲自驾驶轿车时，一般前排座为上，后排座为下；以右为尊，以左为次。在双排五人座轿车上，座次应当依次是：副驾驶座，后排右座，后排左座，后排中座。乘坐主人驾驶的轿车时，最重要的是不能令前排座空着。一定要有一个人坐在那里，以示相伴。如前座客人中途下车了，后座的客人应该移坐前座，补上这个空缺。

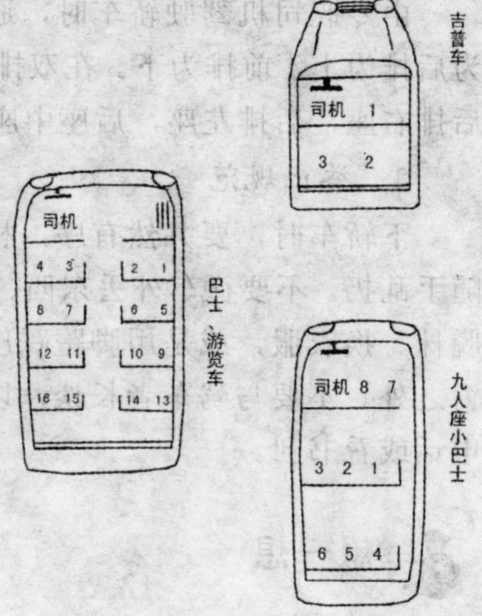

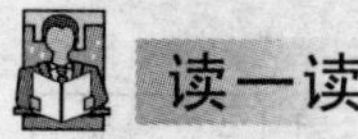

读一读

大人物

有一次，丘吉尔准备去参加一个重要会议，司机早早去接他。偏偏那天丘吉尔心情特别好，想过把开车瘾，就和司机换了位置，自己开着车去会场。他们快到会场时，一个工作人员神情慌张地跑到大会负责人那里，着急地说：“坏了坏了，不知道来了什么大人物！”负责人很奇怪：“为什么呢？”“丘吉尔为他开车呢！”

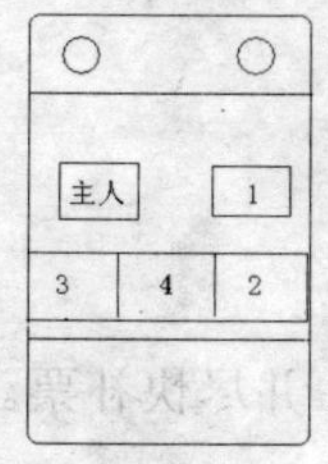

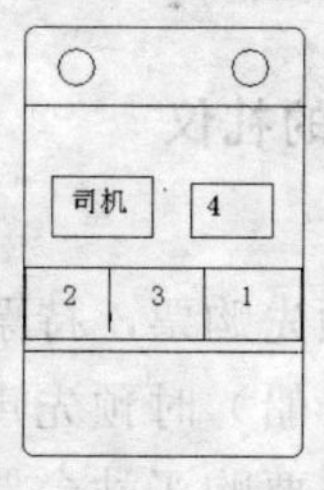

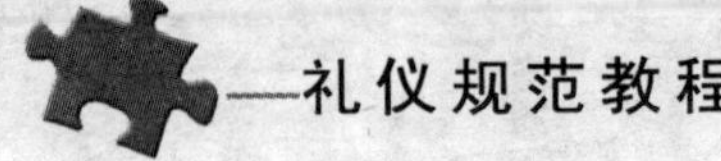

2. 专职司机驾车

由专职司机驾驶轿车时，通常仍讲究右尊左次，但座次变化为后排为上，前排为下。在双排五人座轿车上，座次应当依次为：后排右座，后排左座，后座中座，副驾驶座。

3. 举止规范

下轿车时，要井然有序，相互礼让。不要在车上连吃带喝，随手乱扔。不要往车外丢东西、吐痰或擤鼻涕。不要在车上脱鞋、脱袜、换衣服，或是用脚蹬踩座位，更不要将手或腿、脚伸出车窗之外。不要与驾车者长谈，以防其走神。不要让驾车者听移动电话或看书刊。

想一想

乘坐轿车要分清座位的尊卑，你能分清各个款式车座位的尊卑吗？

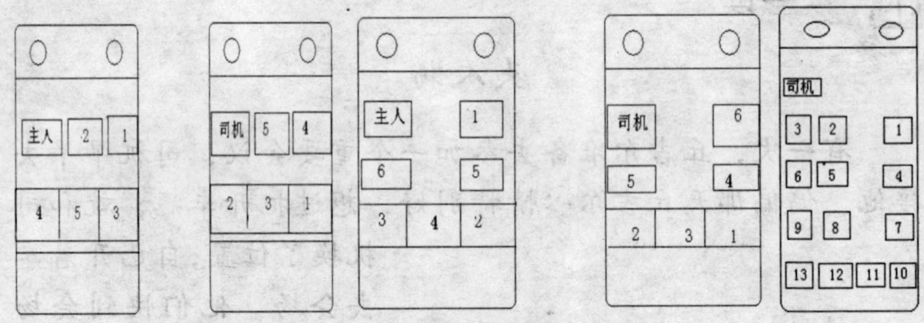

（五）乘坐火车（轮船）的礼仪

1. 购买火车（轮船）票

乘坐火车（轮船），均应预先购票，持票上车。

万一来不及买票，应上车（船）时预先声明，并尽快补票。

如果需要进站接送亲友，需要购买站台票。

2. 提前到站

因上车、登船所用时间较长，因此，乘火车（轮船）要提前到站。

在候车（船）室等候时，要爱护候车（船）室的公共设施，保持安静、不要大声喧哗，携带的物品要放在座位下方或前方，不抢占座位或多占座位，不要躺在座位上使别人无法休息。保持候车（船）室内的卫生，不要随地吐痰，不要乱扔果皮纸屑。

3. 排队检票

检票时要自觉排队，不要拥挤、插队，同时要注意看管好自己的行李。进入站台后，要站在安全线后面等候。要等火车（轮船）停稳后，方可在指定车厢、位置排队上车（船）。上车、登船时，不要拥挤、插队，要依次排队，不要乱挤乱撞，更不应从车窗（船舷）上车（船）。

坐火车（轮船）一定要乘坐车（船）票上所指定的车（船）次，为了确认，在上车、登船时，最好再问一下乘务员，此列车（船）是否是自己所要乘坐的。

在车厢、轮船里，不能随地吐痰，不能乱丢纸屑果皮，也不能让小孩随地大小便。

4. 火车尊位

列车行驶方向靠窗子的座位为上席，然后是其对面的座位；再后是行驶方向靠过路的座位，最后是其对面的座位。

做一做

请一些坐过长途火车旅行的同学讲述在火车上哪些事情让自己的心情很愉悦，反之，其他乘客的哪些行为会让自己不愉快。

乘坐火车在下列环节中应注意哪些礼仪？

上车：

就座：

休息：

用餐：

交际：

下车：

请乘坐过轮船旅行的同学讲述乘船的感受。

（六）乘飞机的礼仪

在所有正规的交通工具之中，飞机最为舒适，其档次也最高。同学们在乘坐飞机时，必须要认真遵守乘机礼仪。具体来讲，主要应当在维护乘机安全、从严要求自己等两个方面多加注意。

1. 登机前的礼仪

上机时不得违规携带有碍飞行安全的物品。通常规定：任何乘客均不得携带枪支、弹药、刀具以及其他武器，不得携带一切易燃、易爆、剧毒、放射性物质等危险物品。因此，我们应当认真配合例行的安全检查。在进行安全检查时，每位乘客都要通过安全门，而其随身携带的行李则需要通过监测器。如有必要，机场方有权对乘客或行李使用探测仪进行检查，或手工检查。乘客不应拒绝合作，或无端进行指责。

2. 登机礼仪

上下飞机时，要对空姐点头致意或者问好。要注意依次而行，礼让残障老弱妇孺。

上机后不要抢座位，应该对号入座。若不清楚座位，可将登机牌交给空乘人员引导。

在机上放置自己随身携带的行李时，与其他乘客要互谅互让。行李应放在行李架内或座位下。

在自己的座位上就座时，要维护自尊。不要当众脱衣、脱鞋，尤其是不要把腿、脚乱伸放。坐卧的姿势以不妨碍他人为好。如果感到闷热可以打开座位上方的通风阀，也可以脱下外衣，切忌打赤膊。更衣需去洗手间。

3. 飞行途中礼仪

安全常识　乘飞机时务必要遵守有关安全乘机的各项规定。

注意空乘人员的安全示范。当飞机飞行期间，一定要熟知并遵守各项有关安全乘机的规定。飞机上的物品不要随意取拿，设备也不要乱摸。偷拿安全用品或私开安全门，不仅有可能犯法，而且还有可能危及自己和其他机上乘客的生命安全。

当起飞或降落时，乘客一定要自觉地系好自己的安全带，除了起身外，都应系好安全带。当飞机受到高空气流的影响而发生颠簸、抖动时，更要将安全带系好，切勿自行站立、走动。欣赏电影或睡觉时，不拉开遮阳窗。

在飞行期间，移动电话、手提电脑、激光唱机、微型电视机、调频收音机、电子玩具、电子游戏机等电子设备均严禁使用。违反者要受到法律制裁。

基本礼仪 不在非吸烟区及厕所内吸烟。飞机上也不宜进行打扑克等游乐活动。

注意维护舱内卫生，扔垃圾、吐痰、呕吐时，务必要使用专用的清洁袋。

享用免费食品时要适量，饮酒也要适量。

理解与尊重空乘人员和其他工作人员。如果有特别需要就按座位旁边的按钮去呼叫空中小姐，不要在机舱内大呼小叫。不要蓄意滋事，或向其提出过高要求。遇到飞机误点或改降、迫降时不要紧张，更不能向空姐发火。

上下飞机时、当自己休息时，不要使身体触及他人，或是将坐椅调得过低，从而有碍于人。

与他人交谈时，说笑声切勿过高。跟身边的乘客可以打招呼或是稍作交谈，但应不影响到对方的休息。不要盯视、窥视素不相识的乘客，也不要与其谈论令人不安的劫机、撞机、坠机事件。

洗手间礼仪 进入洗手间，应关上门，确定灯亮，表示门已上插销，以免造成尴尬场面。

男士用厕要将坐垫掀起；用毕冲水。离开前擦干洗脸台，以方便下一位旅客使用。

其他礼仪 避免小孩在机上嬉戏喧闹。

飞机未停妥前，不可起立走动或拿取行李，以免摔落伤人，影响机上秩序。

下飞机后若找不到行李，应请机场管理人员协助。

做一做

调查班级坐过飞机旅行的同学，请这些同学把自己乘坐飞机从准备到登机和乘坐期间的程序与注意事项写出来，看谁写得全。

第四节 餐饮礼仪

用餐的礼仪能反映出一个人的教养程度。在不同的场合用餐，更要讲究不同的礼仪规范。

一、中餐礼仪

（一）餐前准备

用餐前，作为一个懂事的孩子，是不应该坐在餐桌前，等着父母把饭端上来吃现成的，而是要在用餐之前，主动地帮助家长做好饭前的一些准备工作。

1．讲究卫生、赴宴守时

在家就餐，如果刚刚外出归来或刚运动完毕，应该先洗手、洗脸再上餐桌。否则，满头大汗、满脸尘土就用餐，不但自己不舒服，还会影响别人的食欲。

如果是做客赴宴，不仅手应该洗干净，头发也应梳理整齐。应注意仪表整洁，穿戴大方，最好稍作打扮。

赴宴还要遵守约定的时间，既不要太早，显得急于进餐，也不能迟到。最好事先探询一下，可依据请柬注明的时间，稍微提前一点。如果你与主人关系密切，则不妨早点到达，以帮助主人招待宾客，或做些准备工作。万一迟到，在自己坐下之前，应先向所有客人微笑打招呼，同时说声抱歉。

2. 准备就餐

在家 做好自己的卫生工作后，要帮助家长摆好用餐时的桌凳，并用干净的抹布擦拭饭桌；摆好碗筷。做好这些准备之后，再请长辈入座。

吃饭前，自己不应坐在一边让家长给盛饭端菜，而要主动地帮助家长盛饭端菜。

盛饭时，不要盛得过满；端饭或端菜时，用大拇指扣住碗或盘口的边沿。食指，中指，无名指托住碗或盘的底儿，手心空着。并注意，大拇指要向上翘起，不要让大拇指沾到饭菜上，不然很不卫生。端着饭菜，要走得慢一些，稳一点，不要让饭菜洒出来。

饭、菜先端给谁，摆在桌子的什么位置，要注意自上而下。端饭，要先端给爷爷、奶奶，再端给爸爸、妈妈，最后端给自己。如果有客人共同进餐，要先端给客人，再按照家人辈分的大小依次端上。端菜，要先把好吃的菜，合长辈口味的菜，摆放在靠近长辈的桌前。即使是自己最喜欢吃的菜，也不能因为自己爱吃，就摆放在自己桌前。有时，长辈出于疼爱，将我们爱吃的菜摆放在我们的面前，这时，我们也应礼让。

赴宴 当自己抵达宴请地点时，首先跟主人握手、问候致意。对其他客人，无论相识与否，都要笑脸相迎，点头致意，或握手寒暄，互相问好；对长辈老人，要主动让座请安；对小孩则应多加关照。

（二）入座

1. 在家就座

应先请长辈入座。一般上座应该让爷爷、奶奶或爸爸、妈妈来坐，自己坐下座（对着爷爷奶奶或爸爸妈妈的位置）。如果爷爷、奶奶年老体弱，行动不便，应搀扶着他们入座。如果有客人共同进餐，座次会有变动，一般是请客人坐上座。总之，无论是家庭成员多少，都应让长辈坐在上座，自己坐在下座。

如果家里来了客人，饭桌上坐不开了，自己应主动地坐在另外的桌子上或小桌上，让出座位。千万不要争饭桌，不然有失礼节。

入座后，要坐得端正，双腿靠拢，两足平放，不宜两腿交叠。双手和手肘部离开桌子。

准备就餐时，两小臂靠近桌边上，胳膊肘不要横托在桌上，双手在桌上，右手持筷子，左手扶着饭碗；不要右臂在桌上，左臂在桌下；两腿靠拢，双脚平放，不要一条腿搭在另一条腿上，两腿交叠，更不要坐在那里踮脚晃身。

如在外面餐馆就餐，入座后，可取白色餐巾铺在膝上（餐巾只可擦嘴，不可擦汗）。

2. *在餐馆就座*

通常，餐馆里是配备有服务员引领顾客入座的，顾客应根据服务员的指点，跟随前往；如果没有服务员的引领，则可自己寻找空位入座；如果餐桌上已有先到的顾客，应先礼貌地问一声："请问，这里可以坐吗？"在得到肯定的答复后才可入座。

餐馆是公共场所，因此要随时注意不要影响别人就餐。在抽出坐椅时，动作要轻巧，不要乱拉乱拖乒乓作响。还要注意在自己的座位和邻桌的座位间留出通道，以免影响服务员出入。如果陪同亲友前往，那么在入座时，应示意请长辈先坐，女士先坐，客人先坐，待别人坐定后，自己方可入座。

在招呼服务员时，一般应用眼色或举手示意，切忌高声大叫，骚扰其他顾客。

用餐中，如果有顾客想和自己同桌，应表示欢迎。同时，不妨酌情移动一下座位，让后来者可以宽舒地入座。

（三）正确使用餐巾

餐巾又称口布。在较大一点的餐厅里就餐，一般都会准备餐巾。

餐巾的用途，主要是防止食物弄脏衣服，也可用来擦手上或嘴上的油渍。餐巾纸是一种简便的代用品，也具有餐巾的某种用途。

在正式宴会上，客人需待主人先拿起餐巾时，自己方可拿起餐巾。反客为主的做法是失礼的。

打开餐巾后，应摊放在自己的腿上，以能接住可能滴落的食物为宜。有人喜欢把餐巾别在衣领上或背心纽扣上，这在我国不是通行的规范做法。

如果一打开餐巾或拿起餐巾纸，就揩擦自己的杯盏刀叉，实际上是对餐厅卫生工作的不信任。对餐厅服务员来说，是很不礼貌的行为。

如果有事临时离座，应将餐巾折好放在餐桌上，不要随意揉成一团或顺手往椅背上一搭。

用餐后，可用餐巾揩拭嘴角或手，但千万不要把餐巾当成抹布，在餐桌上乱擦。

（四）筷子的使用

筷子是中国人最常用的餐具。吃饭用筷子，是我们的传统。但是，我们发现不少同学并不太会使用筷子，或姿势不对，或违反忌讳。那么，应怎样使用筷子，它有什么讲究呢？

1. 正确持筷

右手持筷子，持筷子的中下端处为宜，要用大拇指，食指轻轻捏住筷子，中指稍稍托住上面一根筷子，无名指托住下面的一根筷子。

夹菜时，先将筷子的小头冲下，在桌面上爽齐，然后以大拇指和食指捏动筷子，无名指托住下一根筷子夹菜。

2. 持筷的禁忌

中国人使用筷子吃饭，是很讲究的。在长期的生活实践中，人们对使用筷子形成了一些礼仪上的要求和忌讳。

一忌敲筷。等待用餐时，不能饭菜还未摆好上齐，就先拿起筷子准备夹菜，眼睛盯着饭菜，显出一副迫不及待的样子；更不能坐在饭桌边，一手拿着一根筷子随意敲打，或用筷子敲打碗、碟或茶杯。

二忌掷筷。在餐前发放筷子时，要把筷子一双双理顺，然后轻轻地放在每个人的餐桌前，相距较远时，可以请人递过去，不能随手掷在桌子上。

三忌叉筷。筷子不能一横一竖交叉摆放，不能一根是大头，一根是小头。筷子要摆放在碗的旁边，筷子要摆放在碗的右边，不能搁在碗上。在饭桌上摆放筷子，要把筷子一双双理顺，大头冲桌外，小头冲桌里，然后轻轻地放在每个人的餐桌前。

四忌插筷。在用餐中途因故需暂时离开时，要把筷子轻轻搁在桌子上的碗或餐碟边，不能插在饭碗里，或放在碗上。

五忌挥筷。在夹菜时，不要把筷子当成道具，在餐桌上乱舞；也不能用筷子在菜盘里挥来挥去，在菜肴上下乱翻，或用筷子搅菜；更不要在请别人用菜时，把筷子戳到别人面前，这样做是失礼的。

3. 用筷礼仪

夹菜时，不要用筷子穿刺菜肴，当餐叉使用，一旦夹上食物，应立即放入口中，不要停留时间过长，不能将筷子含在口中，更不能用筷子剔牙。

夹菜时，不能用带有饭粒或菜叶的筷子夹菜；夹起菜时，不要让菜汤滴下来；遇到别人也在夹菜，要注意避让；不要把筷子伸到离自己太远的菜盘里。若偶尔掉下一些菜于盘外，不可重新放回盘内。

使用汤勺时，筷子需整齐放在桌上。

如不小心将筷子掉在地下，应立即换一双或洗一洗，不能用手或抹布一擦就继续使用。这样既不卫生，也不雅观。

（五）调羹的使用

调羹也是常用的餐具，它同使用筷子一样，也有一定的讲究。

1. 使用调羹的方式

右手持调羹的柄端，食指在上，按住调羹的柄，拇指和中指在下支撑。有的同学持调羹的方式是拇指在上，按住调羹的柄，食指和中指在下支撑，这是不正确的。

2. 用调羹喝汤的方式

使用调羹，主要是喝汤，有时也可以用调羹盛装滑溜的食物。尤其是在喝汤时，要注意以下几点。

（1）使用调羹时，不要让其碰到碗、盘而发出声响。舀汤时，应从外向里舀（吃西餐则应从内往外舀），切不可使汤滴在碗、盘的外面。

（2）喝汤时不能发出响声。有的同学对此不太注意，嘴里发出呼噜呼噜的声音，这是十分粗俗的。

（3）不要以口对着热汤吹气。有时端上桌的汤很烫，这时，应先少舀些汤尝一尝。如果太烫，可将汤倒入碗里，等汤凉了后，再一口一口地喝。

（4）当汤碗里的汤将喝尽时，应用左手端碗，将汤碗稍为侧转，再以右手持调羹舀汤。不要将汤碗端起来，一饮而尽，这样做不符合餐桌礼仪的要求。

（六）开始用餐

在正规餐厅入座之后，一面做好就餐的准备，一面可以和同席的人随意进行交谈，以创造一个和谐融洽的用餐气氛。

中餐宴席进餐伊始，服务员送上的第一道湿毛巾是擦手的，不要用它去擦脸。上龙虾、鸡、水果时，会送上一只小小水盅，其中漂着柠檬片或玫瑰花瓣，它不是饮料，而是洗手用的。洗手

时，可用两手轮流沾湿指头，轻轻刷洗，然后用小毛巾擦干。

当开始用餐时，要讲究文明礼貌，要注意自己的举止。养成良好的用餐习惯。一般应注意以下几点。

（1）主人举杯示意开始时，客人才能开始；客人不能抢在主人前面。如果是在家用餐，应让长辈先动碗筷用餐，自己再动筷，不能抢在长辈的前面。

（2）吃饭时，要端起碗，大拇指扣住碗口，食指，中指，无名指扣碗底，手心空着。不端碗伏在桌子上对着碗吃饭，不但吃相不雅，很不礼貌，而且还压迫胃部，影响消化。

（3）夹菜时，应从盘子靠近或面对自己的盘边夹起，不要从盘子中间或靠别人的一边夹起，更不能用筷子在菜盘子里乱翻。眼睛也不要老盯着菜盘子，一次夹菜也不宜太多。遇到自己爱吃的菜，不可把盘子端到自己面前，要顾及他人。如果盘中的菜已不多，你又想吃，应征询一下同桌人的意见，别人都表示不吃了，你才可以把它吃光。

（4）要闭嘴咀嚼，细嚼慢咽，这不仅有利于消化，也是餐桌上的礼仪要求。绝不能张开大嘴，大块往嘴里塞，狼吞虎咽的，更不能在夹起饭菜时，伸长脖子，张开大嘴，伸着舌头用嘴去接菜；一次不要放入太多的食物进口，不然会给人留下一副馋相和贪婪的印象。

（5）用餐的动作要文雅一些。夹菜时，不要碰到邻座，不要把盘里的菜拨到桌子上，不要把汤泼翻，不要将菜汤滴到桌子上。嘴角沾有饭粒，要用餐纸或餐巾轻轻抹去，不要用舌头去舔。

（6）不要发出不必要的声音。如咀嚼饭菜时，嘴里发出“吧嗒吧嗒”、“呱唧呱唧”的声音，喝汤时“咕噜咕噜”的声音，这都是粗俗的表现。

（7）文明交谈。宴会上的谈话应自由轻松，不要静坐不语，不要只与一两人交谈。交谈时既要注意谈话的内容，又要讲究谈话的艺术。口含食物，最好不要与别人交谈；开玩笑要有节制，以免口中食物喷出来，或者呛入气管，造成危险；与人交谈，应轻声细语。

（8）吐出的骨头、鱼刺、菜渣，要用筷子或手去接出来，放在自己面前的桌子上，不能直接吐到桌面上或地面上。

如果要咳嗽、打喷嚏，要用手或手帕捂住嘴，并把头向后方转。在餐桌上也不能擤鼻涕，可用纸巾或手帕轻擦，也可去洗手间。吃饭嚼到沙粒或嗓子里有痰时，要离开餐桌去吐掉。

在用餐过程中，要尽量自己添饭，并能主动给长辈添饭、夹菜。遇到长辈给自己添饭、夹菜时，要道谢。但若与外宾用餐，注意不要反复向外宾劝菜，可向外宾介绍中国菜的特点与典故，以引起其兴趣；不能把自己认为最好的菜夹到外宾碗里，以免引起反感。

吃饭时要精力集中，有些同学在吃饭时看电视或看书报，这是不良的习惯，既不卫生，又影响食物的消化吸收，还会损伤视力。与兄弟姐妹、同龄人在一起用餐时，要相互礼让，不要在吃饭时打打闹闹或边吃边玩。

（七）用餐之后

用餐结束后，筷子应整齐地放在靠近碗右边的桌上，并等众人都放下筷子后，主人示意散席方可离座。若是在外用餐，可以用餐巾纸或服务员送来的小毛巾擦嘴，但不宜擦头颈或胸脯；餐后不要不加控制地打饱嗝；在主人还没有示意结束时，客人不能离席。

若是在家用餐，作为一个有礼貌、懂事的孩子，吃完饭，不应推开饭碗，就离桌而去，还应有礼貌离座，并在所有人用餐完毕后帮助家长做些力所能及的工作。

用餐完后，要轻轻放下碗筷，用餐巾纸或餐巾擦嘴。如果自己先吃完，要与父母或其他长辈打个招呼，再离开座位。例如，“爸爸，您慢慢吃”或“大家请慢慢吃”等。不能一推饭碗，什么话也不说，离桌而去，这是不礼貌的行为。

待大家都用餐完毕，应帮助家长一同收拾碗筷，擦净桌面，洗刷碗筷。不可碗筷一撂即扬长而去，或坐在一边任由家人忙碌，自己无动于衷，这是不礼貌、不懂事的表现。

（八）饮茶礼仪

中国人习惯以茶待客，并形成了相应的饮茶礼仪。例如，请客人喝茶，要将茶杯放在托盘上端出，并用双手奉上。茶杯应放在客人右手的前方。在边谈边饮时，要及时给客人添水。客人则需善“品”，小口啜饮。

日本的茶道，起源于中国。茶艺已成为中国文化的一个组成部分。例如，中国的“功夫茶”，便是茶道的一种，它有着严格的操作程序：

嗅茶。主客坐定以后，主人取出茶叶，主动介绍该品种的特点、风味，客人则依次传递嗅赏。

温壶。先将开水冲入空壶，使壶体温热，然后将水倒入“茶船”——一种紫砂茶盘。

装茶。用茶匙向空壶中装入茶叶，通常装满大半壶。切忌用手抓茶叶，以免杂味混入。

润茶。用沸水冲入壶中，待壶满时，用竹筷刮去壶面茶沫，随即将茶水倾入“茶船”。

冲泡。至此，才可正式泡茶。要用开水，而不宜用沸水。

浇壶。盖上壶盖之后，在壶身外浇开水，使壶外、壶内温度一致。

温杯。泡茶的间隙，在茶船中利用原来温壶、润茶的水，浸洗一下茶盅串味。

运壶。第一泡茶泡好后，提壶在茶船边沿巡行数周，以免壶底的水滴滴入茶盅串味。

倒茶。将小茶盅一字儿排开，提起茶壶来回冲注，俗称“巡河”。切忌一杯倒满后再倒第二杯，避免浓淡不均。

敬茶。双手捧上第一杯茶，敬奉在座的客人。如客人不止一位时，第一杯茶应奉给德高望重的长者。

品茶。客人捏着小茶盅，观茶色，嗅茶味，闻茶香，然后腾挪于鼻唇之间，或嗅或啜。

二、西餐礼仪

随着改革开放对外交流的日益增加，中国人吃西餐的机会越来越多。吃西餐时，座位的排列、餐具的使用和用餐方法必须符合西餐礼仪。

（一）西餐座位的排列

西餐座位比较讲究礼仪，非正式宴会座位遵守女士优先的原则，即男士主动为女士移动椅子让女士先坐，坐右座、靠墙靠里坐。不管正式宴会还是非正式宴会，入座或离座均应从坐椅的左侧走为宜（当然左侧入座不方便也可以从右侧入座）。

正式宴会以国际惯例为依据，桌次的高低依距离主桌位置的远近而定，右高左低，桌次较多时一般摆放桌次牌。

吃西餐均使用长桌，同一桌上座位的高低以距主人的座位的远近而定。西方习俗是男女交叉安排，以女主人的座位为准，主宾坐在女主人的右上方，主宾夫人坐在男主人的右上方。在我国则依据传统，照例主宾坐在男主人的右上方，主宾夫人坐在女主人的右上方。不管是参加中式宴会还是西式宴会，都要找准自己的位置，不可贸然入座。

（二）餐具的使用

西餐宴席上使用的餐具主要是刀、叉、匙、盘、杯、碟等。

餐具一般在就餐前都已摆好。放在每人面前的是食盘或汤盘，盘较大，左边放叉，右边放刀。盘子上方放匙，小匙用于吃冷饮，大匙用于喝汤。再上方为酒杯，从左到右排成一排，顺序由小到大，分别用于饮各类酒。面包碟放在匙的左方，匙的右方是黄油

碟，碟内有专用小刀。刀叉的数目与菜的道数相当。吃鱼、肉、菜的刀叉都有区别。

一般是左手拿叉，右手拿刀。拿叉的姿势是，用左手拇指、食指和中指拿住叉。拿刀的姿势是，用右手食指压在刀背上以出力，其余手指拿住刀把。使用刀叉的顺序是按上菜的顺序，要从最外面开始，一道一道菜往里拿。

进餐时，不应手持刀叉比划着与人说话，不能发出刀叉相碰的声音。若需给别人夹菜，一定要用公用餐具。

喝汤时，应用右手持汤匙，侧起，顺汤碗靠自己的一侧盛汤。

叉子若不与刀并用，可用右手持叉取食。左手持刀时，则用右手持叉。进餐期间，刀叉尽量不要发出声音。如临时离座，刀叉在盘内摆成“八”字形，表示尚未用完。用毕，并排横斜放盘内，柄朝右。

（三）用餐方法

吃肉类时有两种方式：边割边吃；先把肉块（如牛排）切好，然后把刀子放在食盘的右侧，单用叉子取食。前者是欧洲的古老习惯，后者则是美式的吃法，一般而言前者比较正式。

吃鱼时，应从鱼的中间切开，把肉拨到两边取掉鱼刺鱼骨，慢慢食用。

肉饼、煎蛋、沙拉，都不用刀只用叉。

肉盘内的肉汁，可用面包蘸着吃。面包应用手指掰成小块食用。

炸薯片、炸肉片、普通三明治等食物，跟面包一样，用手取食。取食时，仅限于用拇指和食指拈取。食后用摆在面前的小手巾拭手。

吃甜点可用叉或匙。

喝汤时，用匙进食。握匙的正确姿势为：用大拇指按住匙的把，其他手指轻轻托住另一边。舀汤时，应从盘子里面向外舀，盘中汤不多时，千万不可端起汤盘吮吸，而应用左手将汤盘微微外倾，用匙舀尽。

吃梨、苹果不要整个去咬，而应用水果刀将水果切成四至六块，剜去果心，用手拿着一块一块吃。吃香蕉则剥皮后整个放在盘子里，用刀切开，一块一块吃。吃橘子用手把皮剥掉，一片一片地掰开吃。吃水果时，有时会送上一小水盂，这是供洗手之用的，切勿将此当作饮料饮用。

用餐过程中自己够不着的调味等物，可以请别人帮忙递过来，我们也可应别人要求传递给他们，传递要用右手。

进食时，骨头、肉屑、果皮等，可放在食盘的右角。果核则吐在餐巾纸里，不可随便放在桌上或扔在地上。

若有事暂时离开，请将餐巾放在椅子上，把刀叉摆成“八”字型，居中放在盘上。用餐完毕，将刀叉并列，靠右侧放在盘上。

在全部菜点上完后，便是咖啡或茶。喝咖啡或茶的方式是用小茶匙放糖搅拌，搅匀后仍将茶匙放回原处再喝（茶匙不能放在茶杯里）。喝时，右手拿杯把，左手端托碟。请记住喝咖啡、茶或汤时，一定要端起杯子，不要俯身用嘴迁就杯子。

喝完咖啡或茶，宴会就该结束了，客人可以开始告辞。

（四）西餐其他礼仪

参加正式西式宴会一定注意服饰、仪容仪表，要符合礼仪要求。用餐姿势要优美大方，坐姿要端庄稳重，挺直腰板，不要跷二郎腿，手放在膝盖上，不要把胳膊支在桌子上。不要随便脱上衣、松领带或挽袖子。

吃西餐时，不能拒绝对方的敬酒，即使自己不会喝酒，也要端起酒杯回敬对方，否则是一种不礼貌的行为。吃西餐饮酒忌讳举杯一饮而尽，文雅的饮酒是懂得品评酒的色、香、味，慢慢品味。在西餐宴席上往往是敬酒不劝酒，即使是劝酒也只是点到为止。

吃西餐应特别注意水盂的使用，弄不好会闹出笑话。凡是上一道用手取的食品，如鸡、龙虾、水果等，通常会同时送上一个水盂（铜盆、水晶玻璃缸或瓷碗），水上漂有玫瑰花瓣或柠檬片，但它不是饮料，而是西餐讲究的洗指碗，置于左上方，把手浸入

水中，轻轻洗一下，然后用餐巾擦干净。

在我国，喜欢喝咖啡的人日渐增多。因此，了解一些喝咖啡的礼仪要求，是完全必要的。

咖啡杯的正确拿法，应是用拇指和食指拈住杯把将杯子端起。

给咖啡加糖时，如果是砂糖，可用汤匙舀取，直接加入杯内；如是方糖，则应先用糖夹子把方糖夹在咖啡碟的近身一侧，再用汤匙把方糖加在杯子里。如果直接用糖夹子或手把方糖放入杯内，有时可能会使咖啡溅出，从而弄脏衣服或台布。

在用汤匙把咖啡搅匀以后，应把汤匙放在碟子外边或左边。不能让汤匙留在杯子里就端起杯子喝，也切不可使用汤匙来喝咖啡，因为汤匙只是用来加糖和起搅和作用的。

一般来说，喝咖啡时仅仅只需端起杯子。将碟子一起端起来或用手托住杯底喝咖啡的做法都是失礼的。但参加鸡尾酒会，或在宾馆、饭店的大厅里，如果没有餐桌可以依托，则可以用左手端碟子，右手持咖啡杯耳慢慢品尝，如果坐在沙发上，也可照此方法。

第五节　会场、剧场礼仪

一、会场礼仪

（一）保持安静

开会期间不能无故提前离开，或不告而退，也不要随便来回走动。

若因上厕所等原因必须暂时离开会场，应弯腰悄悄出去，尽量减少对别人的干扰。

（二）普通发言

发言要举手。要在得到主持人的同意后，方可站起来发言，不能在台下七嘴八舌。

应尊重别人的发言。认真听别人发言，不要不耐烦或满不在乎，不要随便插话，更不能打断别人的讲话。

在阐述自己的观点或反驳别人的观点时，应注意观点明确。要以理服人，论据充分，不要将自己的观点强加于人；对不同的意见，不要扣帽子，切忌出言不逊、盛气凌人、恶语伤人，进行人身攻击。

当别人否定自己的观点时，应虚心听取其意见，让别人把话讲完。不要急躁，不要说出有损别人人格的话。

二、剧场礼仪

（一）不要迟到

若是进电影院，电影一般在放映前十五分钟开始检票入场，最好能够在这期间进入电影院寻找座位。如果熄灯以后进入放映厅，要等眼睛适应了之后再进去，或者要求电影院工作人员带你进入。如果迟到后进入，应该向周围的人低声询问，并表示歉意，应该说“谢谢你”或“对不起”。

若是观看演出迟到，则不应当马上闯入，应在曲间、幕间或剧场休息时再进场。

在通过陌生人时，不要将手提包等东西从前面观众的头上拖过去。通常，在电影院内，男士应坐在靠近过道的位置上。

（二）保持安静

观看过程中，应该避免大声的、引人注目的谈笑。

可以对观看内容做一些简短的低声评论，但时间不要太长。在音乐会或严肃剧中最好不要作评论。

在座位上移动大衣、将包打开或关上、捡掉到地上的东西，这些都可能分散其他观众注意力，应该尽可能避免。

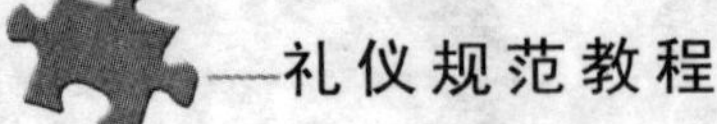

（三）不吃东西

不要吃用纸或塑料袋包装起来的糖果或精美食品。更不能抽烟。

（四）怎样越过别人位置就座

若是需要越过别人，走到自己的位置上，我们应面对着就座的人。这样在座位上的人看到的就是你的脸，而不是后背或者屁股。并且很容易就能够听到你口中说的“劳驾”。已经在这排就座的人们会尽可能地向后缩，把脚塞到座位底下，或者把膝盖移到座位一侧，同时也能避免你因为不慎而踩到他们的脚。

三、如何鼓掌

鼓掌也是有窍门的。在公众场合，你鼓掌的时候要注意，不要做第一个，也不要做最后一个鼓掌的人。因为你可能还不知道究竟何时鼓掌合适。而当大家都不鼓掌的时候，你仍在鼓掌，很可能大家都在看你，分散了注意力不说，你可能还会很尴尬。

在不恰当的时候鼓掌会分散说话人或者表演者的注意力，同样也会分散观众的注意力。同时要注意，鼓掌时不能疯狂地挥动双手，也不能把两手握成杯状。疯狂地鼓掌有可能会冒犯到他人，把两手握成杯状撞击的声音则非常吵人。当然了，如果你是在观看运动比赛，你可以尽可能地让掌声响起来。

正确的鼓掌方式是：双掌十字交叠上下击掌，声音坚定、清脆。女孩们则应该用一只手的手指去拍打另一只手的手心，柔和的掌声是一位淑女文雅举止的标志。

为芭蕾舞鼓掌

在芭蕾舞剧院：作曲家在入场时应受到热烈欢迎，并且在结束时受到鼓掌致意。每个舞段之间如果没有连续性的音乐连接，可以报以掌声。如果演员表演一个高超的绝技，即使整段舞没完，也可以适当鼓掌。如果演员表演的是深沉抒情的优雅舞段，这个时候不要鼓掌。

音乐会如何鼓掌

在音乐会上：作曲家站在指挥台前时应鼓掌欢迎，但在独奏和演奏部分曲目时不鼓掌，直到全部完成才鼓掌。在整个节目的最后，应该对作曲家再次报以热烈的掌声。

四、善待观众

若自己是运动员或演员，在上场时和退场前，要主动向观众挥手致意。如果取得了优异的成绩，也要通过适当方式向观众表达谢意。如有热心观众呼喊自己的名字，并为自己加油时，如有可能，要给予回应。如果有个别观众对自己采取过激的行为，要保持风度，不要理睬。

第六节 探病及其他礼仪

一、探病礼仪

（一）选择适宜的问候

通常，探访病人的最好做法是直接到病榻旁边，直接把安慰和祝福带给他。如果病人患的是传染病或其他不宜直接探望的疾病，则可以改用短信的方式表达问候。

在选择给病人送慰问品时，按习惯，人们常常会挑选些水果和营养品等送给病人。但实际上，一束鲜花、一张精美的贺卡，也是很好的慰问品。

（二）探病须知

到医院探病，要遵守医院的规章制度，选择适宜的探病时间。进病房要注意安静，脚步尽量放轻，不要大声谈笑。

与病人谈话，态度要谦和温柔，亲切热情。卧床病人由于有人到来，可能会坐起来进行接待，这时应尽量劝其躺下。如果病人仍执意要起来，则应上前搀扶。看望病人时，不要老是跟病人谈论他的病情，而应该说些愉快的话。不管病人的病情有多么严重，也不能在他面前流露哀伤的神情，更不能对着病人流泪。凡是会使病人悲观、忧郁的话题，都应尽量避免。

在探病结束时，记住要问一声："有什么事情需要我帮忙的吗？"有的病人可能会向你提出要求，那么，不管他要求的事情有多么难办，你也一定要努力去办。

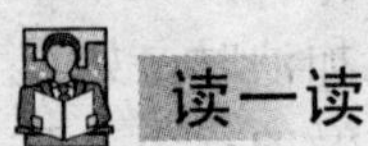

读一读

受欢迎的"礼物"

礼物 1：李强因为阑尾炎手术住院，但马上就要期末考试了，住在医院的李强万分焦急。同学决定，选出一些同学做义务辅导员，每天放学后到医院帮助李强，李强十分感激同学们对他的帮助。

礼物 2：王雪的爷爷因病住院，平时，爷爷喜欢听京剧，王雪为爷爷带上录音机，并送去一套京剧磁带，为爷爷解闷，爷爷夸她是个懂事的乖孙女。

礼物 3：周涛的同学因病住院，情绪很低落，总觉得自己的病不能好了，对前途失去信心。周涛为他送去一束鲜花和一本海伦的散文《假如给我一天光明》，帮助朋友鼓起生活的勇气。

想一想

1. 为什么他们送的礼品受到病人的欢迎？

2. 给病人选择礼品时应注意什么？

二、其他礼仪

（一）参加丧事的礼仪

作为学生，参加亲友丧礼之类的事情并不多见。但一旦参加了，便要加倍注意使自己的举止符合礼仪规范。

自古以来，中国人一直把对亡者的处理当成极为庄严的事情。亲友逝世了，我们通常都要到殡仪馆向其遗体告别，参加其葬礼或吊唁活动。这种场合气氛肃穆。

由于亲人去世，丧者家属的情绪都比较悲哀。为了体现自己对死者的尊重和对丧者家属的同情，参加丧礼时，我们一定要注意：保持悲伤的情绪，不能面无表情，无动于衷，更不能露出厌烦的神情甚或笑容。着深色服装（或白色上衣深色裙裤）。切忌穿得大红大绿；衣袖上要戴上黑纱，也可在胸前佩上白花。脱帽、肃立。行走时，不可昂首阔步，而应微微低头，缓步慢行。讲话时发音要低调，不能有怪腔。不可与参加丧礼的人交头接耳，议论其他事情，甚至谈笑风生；更不可结群吵闹，嬉戏追逐。坚持参加到底，不中途退出。对死者的家属进行劝慰，用温情关切的语言劝其节哀，振作精神。冷漠处之或哑口无言都是不适宜的。

（二）祭扫的礼仪

祭奠是对已逝先人的一种纪念形式。一般可分两类：家庭祭奠和扫墓祭奠。

家庭祭奠，一般是在父母、祖父母的生辰或忌日时举行，各地也可根据不同的风俗举行。通常是面对遗像，点燃馨香三炷和供奉水酒三杯，或者是以一束素色鲜花作为清供，以示纪念。

扫墓祭奠，一般在清明节、中秋节或春节举行。祭扫先人墓地，一般有以下几项内容：馨香三炷，鞠躬悼念，寄托哀思。墓前祭奠，过去凡晚辈都要行跪拜大礼，现在多以三鞠躬代替。整修陵墓。一般是给坟墓培土，并整修墓道。有的还可植树以作纪念。献上花圈或一束鲜花，并打扫、清理坟墓周围环境。亲友骨灰寄放在殡仪馆的，可献上微型花圈或绢花束，把骨灰盒的积尘掸净，瞻仰遗像，鞠躬行礼，并低头默哀。

课后练习

一、选择填空

1. 和父母在一起的时候，(　　)。

A. 不需要讲礼仪　　B. 只要关心他们的健康

C. 需要心灵的沟通

2. 发现试卷分数错了，(　　)。

A. 直接指责　　B. 请求老师重新计算一次

C. 在同学面前表示不满

3. 在学术报告会中，有不同意见，采取下列哪种方式较好(　　)。

A. 大声提出　　B. 递纸条　　C. 保持沉默

4. 上课时要发表意见可以(　　)。

A. 得到老师许可坐着说　　B. 得到老师许可站着说

C. 直接说

5. 上课中间有急事要离开教室，(　　)。

A. 举手征得老师同意后，悄悄从后门退出

B. 直接从后门退出

C. 争得同意后从前门出

6. 乘坐步行电梯的一般规则是(　　)。

A. 左边上下，右边站立

B. 右边上下，左边站立

C. 当中上下，左边站立

7. 在问路的时候，首先要做到的是（　　）。

A. 直接问路，节省时间　　B. 首先致谢，而后问路

C. 首先问路，而后致谢

8. 男同学主动帮助女同学搬重物，女同学应该（　　）。

A. 应该的，女士优先　　B. 一齐动手

C. 表示感谢即可

9. 观摩歌剧、交响乐演出鼓掌，正确的鼓掌方式应该是（　）。

A. 双掌全部合拢猛烈击掌

B. 双掌十字交叠上下击掌

C. 高举双掌过头击掌

10. 观摩演出，如座位在中间需通过先到者面前，应该以（　　）向对方通过。

A. 正面　　B. 背面　　C. 侧面

11. 送别时如将客人送至门口，主人应在客人的身影（　）返回。

A. 完全消失后再　B. 没有消失即　C. 在消失过程中

12. 主人在客人来访时看表，会给人以（　　）的感觉。

A. 友好　　B. 随意　　C. 下“逐客令”

13. 送别客人时如客人“比较坚决”地谢绝主人相送，则可（　　）。

A. 互不道别、随他去

B. 强行相送

C. 尊客人意

14. 追悼会开始后，（　　）；切勿东张西望，或与旁边的人轻声谈话。（多选）

A. 应脱下帽子　　B. 站立端正　　C. 神情肃穆

二、判断是非

1. 上课迟到时可直接进入教室找座位坐下。(　　)

2. 体育比赛中，最重要的是获得胜利。(　　)

3. 无论什么时候去别人宿舍串门都是可以的。(　　)

4. 送客时，主人应先起身，先伸手告别。(　　)

5. 欣赏音乐会时，应以鼓掌、吹口哨、喝彩表示对演员精彩演出的感谢。(　　)

6. 公共汽车拥挤时，请别的乘客代为购票，应在递钱和接票时表示谢意。(　　)

7. 客人来访,在客人与家人之间应先将客人介绍给家人。(　　)

8. 医生与病人说话时，探望者不论懂不懂，都不要随意插话。(　　)

9. 参加追悼会时，女士应着素色服装，不要化妆，不要戴首饰。(　　)

10. 参加追悼会时，男士应着深色服装，可以戴浅色或鲜艳的领带。(　　)

11. 在公共场所，尤其是室内演出展览场所，不应大声喧哗。(　　)

12. 在会场、剧场里，只要没张贴禁烟标志就可以抽烟。(　　)

三、课后讨论

1. 学习和掌握校园礼仪的意义。

（希望同学们带着礼仪这张无形的名片，迈向社会，打造自我，并踏着礼仪的台阶走向成功，走向辉煌）

2. 2008 年的夏天，你将以怎么样的仪态出现在北京?

四、阅读与思考

几天前，学生小龙因病住进医院，班上同学约好利用中午休息时间去医院看望他，结果大家兴冲冲地赶到医院，却吃了闭门羹。因为医院规定“中午不许探望病人”。

第二天，同学们在探病时间来到病房，兴高采烈地为住院的小龙讲述学校和班级的新鲜事，大家不时发出快乐的笑声。不一会，护士来了，很生气地请同学们迅速离开病房。

思考：

1. 第一次同学们去医院探病，为什么吃了闭门羹？怎么避免这样的情形？

2. 第二次到医院时，护士小姐为什么会生气？

社会实践

组织本班同学们到附近较大的医院调查一下有关的规定。

（1）探望的时间。

（2）在病房停留多长时间合适。

（3）对所带礼品的规定。

附录　中学生日常行为规范（修订）

一、自尊自爱，注重仪表

1. 维护国家荣誉，尊敬国旗、国徽，会唱国歌，升降国旗、奏唱国歌时要肃立、脱帽、行注目礼，少先队员行队礼。

2. 穿戴整洁、朴素大方，不烫发，不染发，不化妆，不佩戴首饰，男生不留长发，女生不穿高跟鞋。

3. 讲究卫生，养成良好的卫生习惯。不随地吐痰，不乱扔废弃物。

4. 举止文明，不说脏话，不骂人，不打架，不赌博。不涉足未成年人不宜的活动和场所。

5．情趣健康，不看色情、凶杀、暴力、封建迷信的书刊、音像制品，不听不唱不健康歌曲，不参加迷信活动。

6．爱惜名誉，拾金不昧，抵制不良诱惑，不做有损人格的事。

7．注意安全，防火灾、防溺水、防触电、防盗、防中毒等。

二、诚实守信，礼貌待人

8．平等待人，与人为善。尊重他人的人格、宗教信仰、民族风俗习惯。谦恭礼让，尊老爱幼，帮助残疾人。

9．尊重教职工，见面行礼或主动问好，回答师长问话要起立，给老师提意见态度要诚恳。

10．同学之间互相尊重、团结互助、理解宽容、真诚相待、正常交往，不以大欺小，不欺侮同学，不戏弄他人，发生矛盾多做自我批评。

11．使用礼貌用语，讲话注意场合，态度友善，要讲普通话。接受或递送物品时要起立并用双手。

12．未经允许不进入他人房间、不动用他人物品、不看他人信件和日记。

13．不随意打断他人的讲话，不打扰他人学习工作和休息，妨碍他人要道歉。

14．诚实守信，言行一致，答应他人的事要做到，做不到时表示歉意，借他人钱物要及时归还。不说谎，不骗人，不弄虚作假，知错就改。

15．上、下课时起立向老师致敬，下课时，请老师先行。

三、遵规守纪，勤奋学习

16．按时到校，不迟到，不早退，不旷课。

17．上课专心听讲，勤于思考，积极参加讨论，勇于发表见解。

18．认真预习、复习，主动学习，按时完成作业，考试不作弊。

19．积极参加生产劳动和社会实践，积极参加学校组织的其他活动，遵守活动的要求和规定。

20．认真值日，保持教室、校园整洁优美。不在教室和校园内追逐打闹喧哗，维护学校良好秩序。

21．爱护校舍和公物，不在黑板、墙壁、课桌、布告栏等处乱涂改刻画。借用公物要按时归还，损坏东西要赔偿。

22．遵守宿舍和食堂的制度，爱惜粮食，节约水电，服从管理。

23．正确对待困难和挫折，不自卑，不嫉妒，不偏激，保持心理健康。

四、勤劳俭朴，孝敬父母

24．生活节俭，不互相攀比，不乱花钱。

25．学会料理个人生活，自己的衣物用品收放整齐。

26．生活有规律，按时作息，珍惜时间，合理安排课余生活，坚持锻炼身体。

27．经常与父母交流生活、学习、思想等情况，尊重父母意见和教导。

28．外出和到家时，向父母打招呼，未经家长同意，不得在外住宿或留宿他人。

29．体贴帮助父母长辈，主动承担力所能及的家务劳动，关心照顾兄弟姐妹。

30．对家长有意见要有礼貌地提出，讲道理，不任性，不耍脾气，不顶撞。

31．待客热情，起立迎送。不影响邻里正常生活，邻里有困难时主动关心帮助。

五、严于律己，遵守公德

32．遵守国家法律，不做法律禁止的事。

33．遵守交通法规，不闯红灯，不违章骑车，过马路走人行横道，不跨越隔离栏。

34．遵守公共秩序，乘公共交通工具主动购票，给老、幼、病、残、孕及师长让座，不争抢座位。

35. 爱护公用设施、文物古迹，爱护庄稼、花草、树木，爱护有益动物和生态环境。

36. 遵守网络道德和安全规定，不浏览、不制作、不传播不良信息，慎交网友，不进入营业性网吧。

37. 珍爱生命，不吸烟，不喝酒，不滥用药物，拒绝毒品。不参加各种名目的非法组织，不参加非法活动。

38. 公共场所不喧哗，瞻仰烈士陵园等相关场所保持肃穆。

39. 观看演出和比赛，不起哄滋扰，做文明观众。

40. 见义勇为，敢于斗争，对违反社会公德的行为要进行劝阻，发现违法犯罪行为及时报告。

第五章 交往礼仪

学习目标

了解见面礼仪中拱手礼、鞠躬礼等的基本要领。

了解介绍的不同类型及其基本要领。

了解名片、交谈、电话、拜访等礼仪的基本要领。

礼仪与我们的生活是密切相关的。人们在社会交往中，随时都要以礼相伴，没有礼仪的生活是不可想象的。在信息高度发展、生活多元化的当今时代，正确掌握见面、介绍、握手、交换名片、电话、馈赠等礼仪，更有助于协调人际关系，促进事业的发展和成功。

第一节　见面礼仪

一、握手礼

握手的由来

据说在原始社会，人们手中常常握着棍棒和石块，作为猎取动物和自我防卫的武器。当无利害冲突，无意侵犯对方的陌生人相遇时，就主动放下手中的东西，并让对方摸摸掌心，以示没有武器。又据说中世纪时打仗的骑兵都是披甲顶盔，全身包裹严密，随时准备冲锋杀敌。如果表示友好，就要脱去右手的铠甲，伸手相握。如果对方领导坐下来谈判，见面便用握手表示友好。这种习惯长期沿用，最后演变成今天的见面和告别的礼节。

握手，是见面时最常见的礼节。因为不懂握手的规则而遭遇尴尬的场面，是谁也不愿意遇到的。

行握手礼是一个并不复杂，却十分微妙的礼仪。作为一个细节性的礼仪动作，做得好，它好像没有什么显著的积极效果；做得不好，它却能突显出负面效果。

（一）握手的时机

行握手礼的时机大致可以包括以下一些。

（1）遇到久未谋面的熟人时。

（2）在比较正式的场合与相识之人道别时。

（3）自己作为东道主迎送客人时。

（4）向客户辞行时。

（5）被介绍给不相识者时。

（6）在外面偶遇同事、朋友、客户或上司时。

（7）感谢他人的支持、鼓励或帮助时。

（8）向他人或他人向自己表示恭喜、祝贺时。

（9）应邀请参与社交活动见到东道主时。

（10）对他人表示理解、支持、肯定时。

（11）对他人遭遇挫折或不幸而表示慰问、支持时。

（12）在他人向自己赠送礼品或颁发奖品时。

下面一些情况不宜与他人握手：对方手部有伤；对方手里拿着较重的东西；对方忙着别的事，如打电话、用餐、主持会议、与他人交谈等；对方与自己距离较远；所在环境不适合握手。

（二）握手的次序

在正式场合，握手时伸手的先后次序主要取决于职位、身份。在社交、休闲场合，则主要取决于年纪、性别等。握手的次序根据实际情况可以分为以下一些。

（1）职位、身份高者与职位低者握手，应由职位、身份高者首先伸出手来。

（2）女士与男士握手，应由女士首先伸出手来。

（3）已婚者与未婚者握手，应由已婚者首先伸出手来。

（4）年长者与年幼者握手，应由年长者首先伸出手来。

（5）长辈与晚辈握手，应由长辈首先伸出手来。

（6）社交场合的先至者与后至者握手，应由先至者首先伸出手来。

（7）与主人告辞时，应由主人首先伸出手来。

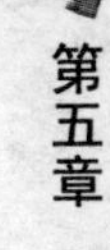

（三）握手的动作要领

握手的动作要领包括以下几点。

（1）与人握手时，应当面含笑意，注视对方双眼，神态要专注、热情、友好和自然。口中的问候，也是必不可少的。

（2）不要在他人伸出手后，迟迟不与其握手，或是一边握手一边东张西望，一边握手一边忙于跟其他人打招呼。

（3）向他人行握手礼时，应起身站立，以示对对方的尊重。

（4）握手时，双方之间的最佳距离为 1 米左右。距离过大，显得像是一方冷落一方；距离过小，手臂难以伸直，也不雅观。

（5）双方将要相握的手各向侧下方伸出，伸直相握后形成一个直角。

（6）与人握手不可以不用力，否则会使对方感到缺乏热忱与朝气；同样不可以拼命用力，否则会有示威、挑衅的意味。

（7）握手的时间不宜过短，也不宜过长，握手的全部时间应在 3 秒钟内。时间过短，会显得仓促；时间过久，尤其是和异性握手，则可能会被怀疑为居心不良。

（四）握手的分类

握手根据其形式，可分为以下几类。

（1）单手相握。用右手与人单手相握，是最常见的握手方式。

（2）平等式握手。手掌垂直于地面并合握。地位平等或为表示自己不卑不亢者多采用这种方式。

（3）友善式握手。自己掌心向上与对方握手。这种握手方式能够显示自己谦恭、谨慎的态度。

（4）控制式握手。自己掌心向下与对方握手。这种握手方式让自己显得自高自大，基本不予采用。

（5）双手相握。双相握又称手套式握手，即用右手握住对方右手后，再以左手握住对方的手背。这种方式，适用于亲朋好友之间，以表达自己的深厚情意；不适用于初识者或异性，那样会被误解为讨好或失态。

（五）握手的禁忌

行握手礼时，也有其禁忌，主要包括以下几点：

（1）握手时，另外一只手不要拿着报纸、公文包等东西不放，也不要插在衣袋里。

（2）不要在握手时争先恐后，应当依照顺序依次而行。

（3）女士在社交场合允许戴着薄纱手套与人握手，而男士无论何时都不能在握手时戴着手套。

（4）除患有眼疾或眼部有缺陷者外，不允许握手时戴着墨镜。

（5）不要拒绝与他人握手，也不要用左手与他人握手。

（6）握手时，不要把对方的手拉过来、推过去或上下左右抖个不停。

（7）握手时，不要点头哈腰，滥用热情，显得过分客套。

（8）握手时，不要仅仅握住对方的手指尖，也不要在与他人握手之后，立即揩拭自己的手掌。

简单的握手动作，可以展示出一个人基本的礼仪修养。

二、其他礼仪

（一）拱手礼

拱手礼在我国是一种民间传统的见面礼，我国古代将其称为长揖，是人们表示祝贺、祝愿的一种施礼方式。由于拱手礼简便易行，极富情感色彩，故沿用至今。

拱手礼的行礼方式是起身站立，上身挺直，两臂前伸，双手在胸前高举抱拳，其姿势通常为左手握空拳，右手抱左手，在目注对方

的同时，拱手齐眉，上下略摆动几下。若要向对方表示谦恭和尊重，还可将双手向上抬，直到与额同高。

在我国，拱手致意通常用于以下场合。

（1）每逢重大节日，邻居、朋友、同事见面时，常拱手为礼，以表祝愿；为欢庆节日而召开的团拜会上，大家欢聚一堂，互相祝愿，常以拱手致意。婚礼、生日、庆功等喜庆场合，来宾也可以拱手致意的方式向当事人表示祝贺。

（2）双方告别，互道珍重时可用拱手礼；有时向对方表示歉意，也可用拱手表示。

拱手致意时，通常会说一些寒暄语，如“恭喜”、“久仰”、“请多多关照”、“节日快乐”、“后会有期”等。

（二）鞠躬礼

鞠躬礼是我国的传统礼节。鞠躬礼源于我国先秦时代，是一种表示内心的谦恭、谦虚和对他人尊重的礼节。

鞠躬礼可分为15度、30度、60度和90度的鞠躬礼。

15度的鞠躬礼又称为点头礼、颔首礼，它适用于同事之间、路遇熟人或在同一场合碰上多人而无法一一问候时施行。

30度和60度的鞠躬礼一般用于初次见面、正式社交环境和工作环境中的接待、服务，它是施礼者表示郑重、尊重之意。

90度的鞠躬礼主要用于特殊的社交环境，如追悼会、婚礼等。

在行鞠躬礼时，应脱帽、立正、面带微笑，然后上身向前倾斜，目光要向下，戴帽子鞠躬是不礼貌的。嘴里不可吃东西或叼香烟。男士双手应贴放于身体两侧，女士的双手应下垂或搭放在腹前。礼毕眼睛应注视对方。

行鞠躬礼的深度，视受礼者或被问候者的受尊重程度而定。下弯的幅度越大，表示尊重程度越大。鞠躬的次数，可视环境和情况而定，一般社交、接待、服务均一次即可。

（三）合十礼

合十礼又称合掌礼，是一种具有较浓郁的宗教色彩的礼节。合十礼最初在信奉佛教的国家和地区广泛使用，时下在国内信仰佛教的地区较为流行。

合十礼的施行规范是双掌十指在胸前相对合，五指并拢向上，掌尖鼻尖基本持平，双腿立正站立，上体前倾 30～45 度。在施行合十礼时，一般合十的双手举得越高，越体现出对对方的尊重，但是原则上不高于额头。

合十礼一般用于商务活动、非正式社交场合和人际关系较轻松和谐的社交场合。

在行合十礼时，应双眼注视对方，面带微笑，可口颂祝词或问候对方，但不能反复点头、手舞足蹈。

（四）注目礼

注目礼是以眼睛注视受礼者，并用目送和目迎来表示敬意的一种礼节。

注目礼的具体做法是起身立正，抬头挺胸，双手自然下垂或贴放于身体两侧，表情庄重，双目注视于被施礼对象或随之缓缓移动。

注目礼适用于升旗仪式、开业剪彩、揭幕迎宾等仪式、场合。

在行注目礼时，应衣冠整齐，不可嬉皮笑脸、东斜西靠。

（五）拥吻礼

拥吻礼包括拥抱礼和亲吻礼。它发源于西方，多流行于欧美国家。拥吻礼与握手礼一样，都是重要的见面与告别的礼节，是人们表示问候、慰问、祝贺时常使用的礼节。

拥抱礼多用于官方、民间的迎送宾客或祝贺致谢等社交场合。规范的拥抱礼是两人在正面相距 20 厘米处面对站立，各自举起右臂，将右手搭在对方左肩后面，左臂下垂扶住对方右腰后侧，两人头部及上身都向左侧相互拥抱。在保持原手位不变的情况下，

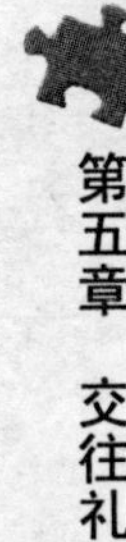

双方还应接着向右拥抱后，再次向左拥抱。

亲吻礼也是西方国家常用的见面礼。行亲吻礼时，有时它单独使用，有时往往又伴有一定程度的拥抱。在施行亲吻礼时，不同关系、不同身份的人，相互亲吻的部位不尽相同。

在公共场合和社交场合，关系亲近的女子之间可以吻脸，男子之间是拥肩相抱，男女之间一般是贴面颊；晚辈对尊长是吻额头；男子对尊贵的女宾可以吻手指或手背。在许多国家的迎宾场合，宾主往往以握手、拥抱、左右吻脸、贴面颊的连续动作，表示最真诚的热情和敬意。

第二节　介绍礼仪

一、介绍

介绍是人际交往中与他人进行沟通、增进了解、建立联系的一种最基本、最常规的方式，它是经过自己主动沟通或者通过第三者从中沟通，从而使交往双方相互认识、建立联系的一种社交礼仪。也可以说，介绍是人与人进行相互沟通的出发点。介绍主要分自我介绍、他人介绍和集体介绍。

（一）介绍的不同类型

按社交场合的正式与否划分，可分为正式介绍和非正式介绍；按被介绍对象的人数划分，可分为集体介绍和个别介绍；按被介绍对象所处位置划分，可分为自我介绍和他人介绍；按被介绍对象的身份、地位、层次来划分，可分为重点介绍和一般介绍；按被介绍对象的性质划分，可分为商业性介绍、社交性介绍和家庭成员介绍等。

（二）介绍的姿态

介绍时，一般都应站立，特殊情况时，年长者和女士可以除外；在宴会或会谈桌上可以不起立，被介绍者只需要微笑点头示意即可。在介绍中，最客气的语气是以询问的口吻发问，语气和语调必须表露出个人的真诚和热情。介绍时的语气、情感切忌虚假、敷衍。在介绍时，语言应简洁、清楚、明确，不可含糊其辞，拖泥带水，以免使人产生误会。

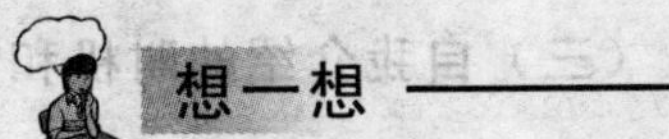

介绍时应有哪些礼仪要求？

介绍后应注意些什么？

在被介绍后，通常行握手礼。两人目光相视时，表情自然、柔和，仪态大方，可同时寒暄几句。

二、自我介绍

自我介绍，就是在必要的社交场合，由自己担任介绍的主角，自己将自己介绍给其他人，以使对方认识自己。

（一）自我介绍的分类

自我介绍根据介绍人的不同，可以分为主动型自我介绍和被动型自我介绍两种类型。

（1）社交活动中，在欲结识某个人或某些人却无人引见的情况下，即可自己充当自己的介绍人，将自己介绍给对方。这种自我介绍叫做主动型自我介绍。

（2）应其他人的要求，将自己的某些方面的具体情况进行一番自我介绍。这种自我介绍叫做被动型自我介绍。在实践中使用哪种自我介绍的方式，要视具体环境和条件而定。

（二）自我介绍的程序

在社交活动中，如果想结识某些人或某个人，而现场又无人

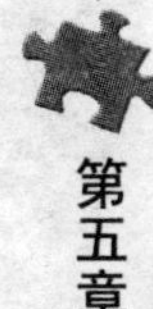

引见，就可以视情况将自己介绍给对方。如果有介绍人在场，自我介绍则被视为不礼貌的行为。自我介绍时应先向对方点头致意，得到回应后再向对方介绍自己的姓名、身份、单位等。介绍时要热情友好，并且眼睛看着对方。

（三）自我介绍的时机和方式

1. 自我介绍的时机

求职应聘、求学应试时；在社交场合，与不相识者相处，或有不相识者表现出对自己感兴趣、要求自己作自我介绍时；在公共聚会上，与身边的陌生人组成交际圈或打算介入陌生人组成的交际圈时；交往对象因为健忘而记不清自己，或担心这种情况可能出现时；有求于人，而对方对自己不甚了解，或一无所知时；拜访熟人遇到不相识者挡驾，或是对方不在，而需要请不相识者代为转告时；前往陌生单位，进行工作或学习等方面的事务联系时；在路上、旅行途中，与他人不期而遇，并且有必要与之建立临时接触时；因工作、学习需要，在公共场合进行业务推广、自我推荐、自我宣传时。

2. 自我介绍的方式

自我介绍根据其适用的场合，可分为以下几种方式。

（1）应酬式。适用于某些公共场合和一般性的社交场合，这种自我介绍最为简洁，往往只要报出自己的姓名就可以了。

（2）礼仪式。适用于讲座、报告、演出、庆典、仪式等一些正规而隆重的场合。是一种表示对交往对象友好、敬意的自我介绍，内容包括姓名、单位、职务等，同时还应加入一些适当的谦辞、敬语，以表示自己礼待交往对象。

（3）工作式。适用于工作场合，包括本人姓名、所在单位的名称及其部门、担任的职务或从事的具体工作等。

（4）交流式。适用于社交活动中，希望与交往对象进一步交流与沟通，也叫沟通式自我介绍。应包括介绍者的姓名、工作、籍贯、学历、兴趣及与交往对象的某些熟人的关系。不一定面面俱到，但应依具体情况而定。

（5）问答式。适用于应试、应聘和公务交往。问答式的自我介绍，应该是有问必答，别人问什么就答什么。

要抓住时机，在适当的场合进行自我介绍。最好在对方有空闲，而且情绪较好，又有兴趣时，这样既不会打扰别人，又会给对方留下深刻的印象。

哪些场合需要我们进行自我介绍？应该注意哪些方面的问题？

自我介绍需要哪些内容？

相逢鸡尾酒会

每个同学为自己设计一个身份，来参加这个隆重的鸡尾酒会。在酒会上，你会遇到许多人，并互相认识。请通过你们自己的方式尽可能多的认识酒会上的客人。

比一比，看谁能记住的客人更多。

	我记住的客人	他们的身份	我们认识的方式
1			
2			
3			
4			
5			

三、他人介绍

他人介绍又称为第三者介绍，是经第三者为不相识的双方互相引见的一种介绍方式。在他人介绍中，为他人做介绍的第三者为介绍者，而介绍者所介绍的双方是被介绍者。他人的介绍通常是双向的，由于双方互相不认识，因此应该将被介绍的双方都作一番介绍。他人介绍有时也可以是单向的他人介绍，即只将双方中的某一方介绍给另一方，前提是前者了解后者，而后者不了解前者。

（一）介绍者的身份

在社交场合中，可作为第三者为彼此不相识的双方做介绍的人的身份，通常包括以下几种。

（1）社交活动中的东道主。

（2）社交场合的长者。

（3）家庭聚会中的女主人。

（4）公务交往中的专职人员（如公务人员、礼宾人员、文秘人员、办公人员、接待人员等）。

（5）正式活动中，地位、身份较高者，或主要负责人员。

（6）熟悉被介绍者双方的人。

（7）应被介绍者一方或双方要求者。

（8）在交际应酬中，被指定的介绍者。

（二）介绍的顺序

在正式场合为他人做介绍时，必须遵守“尊者优先”的规则，即应该受到特别尊敬的一方有了解的优先权。国际上的一般惯例是先把身份低的介绍给身份高的，把年轻的介绍给年长的，把男士介绍给女士，把未婚的介绍给已婚的。有家人在场的时候，要把家人介绍给同事、朋友。把后来者介绍给先到者。

（三）他人介绍的方式

根据所处的具体场合，可将他人介绍分为以下几种方式。

（1）标准式。适用于正式场合，内容以双方的姓名、单位、职务等为主。

（2）简介式。适用于一般的社交场合，内容往往只有双方姓名一项，甚至可以只提到双方的姓氏，接下来的由被介绍者见机行事。

（3）引见式。通过社交场合，介绍者将被介绍双方引导到一起，不需要表达任何具有实质性的内容。

（4）礼仪式。适用于正式场合，是一种最为正式的他人介绍，其内容略同于标准式，但语气、表达、称呼上都更为礼貌、谦逊。

想一想

1. 哪些情况有必要进行他人介绍？介绍者在进行介绍前需要注意什么？

2. 在你认为应优先介绍的一方后面打上"√"：

（1）年长者　　年幼者　　（2）晚辈　长辈

（3）老师　　学生　　（4）男士　女士

（5）未婚者　　已婚者　　（6）同事、朋友　家人

（7）主人　　来宾　　（8）后来者　先到者

（9）上级　　下级　　（10）职位低者　职位高者

做一做

分小组，轮流扮演介绍者和被介绍者，并讨论介绍者和被介绍者应当注意的礼仪问题。

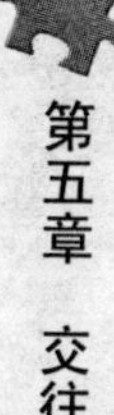

四、集体介绍

集体介绍是他人介绍的一种特殊形式，集体介绍指介绍者在替他人做介绍时，被介绍者其中一方或双方不止一人，甚至是许多人时的介绍。

集体介绍大体可分两种情况：为一人和多人做介绍；为多人和多人做介绍。

（一）集体介绍的时机

需要做集体介绍的时机包括以下一些。

（1）规模较大的社交聚会，有多方参加，各方均可能有多人。

（2）大型的公务活动，参加者不止一方，而各方不止一人。

（3）涉外交往活动，参加活动的宾主双方皆不止一人。

（4）正式的大型宴会，主持人和来宾均不止一人。

（5）演讲、报告、比赛，参加者不止一人。

（6）会见、会谈，各方参加者不止一人。

（7）婚礼、生日晚会，当事人与来宾双方均不止一人。

（8）举行会议，应邀前来的与会者往往不止一人。

（9）接待参观、访问者，来宾不止一人。

（二）集体介绍的顺序

进行集体介绍的顺序可参照他人介绍的顺序，也可酌情处理。但注意越是正式、大型的交际活动，越要注意介绍的顺序。

在做集体介绍时，应根据实践情况，坚持以下原则。

（1）少数服从多数。当被介绍者双方地位、身份大致相似时，应先介绍人数较少的一方。

（2）强调地位、身份。若被介绍者双方地位、身份存在差异，应将地位、身份高者放在尊贵的位置，最后加以介绍。

（3）单向介绍。在演讲、报告、比赛、会议、会见时，往往只需要将主角介绍给广大参加者。

（4）人数多一方的介绍。若一方人数较多，可采取笼统的方式进行介绍。

（5）各方的介绍。若被介绍的不止两方，需要对被介绍的各方进行位次排列。排列的依据包括：以其负责人的身份为准；以其单位规模为准；以单位名称的英文字母顺序为准；以抵达时间的先后顺序为准；以座次顺序为准；以距介绍者的远近为准。

第三节　名片礼仪

有一位名人曾经十分认真地说过："在现代生活中，一个没有个人名片，或是不会正确使用个人名片的人，就是一个缺乏现代意识的人。"这句话并非是小题大做，它充分地说明了名片在当今社会的重要性。

名片是当代社会私人交往和公务交往中一种最为经济适用的介绍性媒介。由于它印刷规范、文字简洁、使用方便、便于携带、易于保存，而且不讲尊卑、不分职业、不分男女老幼均可使用，因此受到社会各界的欢迎。

名片在我国虽然是在改革开放后才流行起来的，但它绝不是从国外引入的，而是我国土生土长的礼仪用品。早在我国秦汉时期，名片就开始被使用了。当时把竹、木削成片，在上面写上名字，供拜访者通报姓名用，当时称为"谒"，东汉时称为"名帖"、"名纸"等。这种名片多用于下对上或平辈之间。如属下要见上司、后辈要见长辈，都要"投帖"获准见后才能见面。

现代社会的名片由古代名片发展而来，原则上未发生多大变化，但在格式、内容、使用途径等许多具体方面则产生了不少变化。

一、名片的类型

名片的类型可分为普通名片、商用名片和特殊名片。

（一）普通名片

普通名片是交往中最常见的名片，这种名片起到自我介绍的作用。使用普通名片的目的在于使初识和初交者相互有一个迅速、明确的了解，同时也留存一份最简明的资讯材料，供日后进一步联系。普通名片的内容有名片主人姓名、身份（职务、职称）、地址、电话等。它的格式可有两种，即竖式与横式。一般第一行写持名片人的单位或机构名称，中间写其姓名，姓名右下侧小字写其职务、职称等，职务、职称较多者可分别写在单位后或姓名下。第三行写持名片人的资讯资料：电话、邮政编码、传真、手机号码，头一字一般不能高于第二行姓名的姓。

我国现通用的名片规格为 9 厘米×5.5 厘米，即长 9 厘米宽 5.5 厘米。这是名片制作的首选规格。此外，名片还有另两种规格，即 10 厘米×6 厘米和 8 厘米×4.5 厘米。10 厘米×6 厘米的规格多见于境外人士使用，8 厘米×4.5 厘米多为女士使用。

印制名片时，宜选用庄重、朴素的白色、米色、淡蓝色、淡黄色和淡灰色，并且以一张名片一种颜色最好。杂色名片不仅使人眼花缭乱，而且会给人以不庄重的感觉。

名片制作时，其图案（如企业标志、企业方位、企业主导等）以少为佳，一般一个图案即可。一般不提倡在名片上印人像、花卉、宠物、漫画等。这些既无实用价值，又给人华而不实的感觉。

选择字体时，以清晰、标准、易识的印刷体为好。尽量不采用草书、花体字印刷，更不要用手写体。因为只有当别人看懂了名片，名片才能发挥其作用。

若需使用外文，常见的方式有两种。一种是将外文印在名片的背面，一种则将外文与汉字混合编排在正面。如果机构或单位有徽志，则应排印在第一行机构、单位名称前。

普通名片还有一些特殊的作用。例如，你需拜见尊长或上司，在见对方前需由对方的秘书或其他人传话引见，可临时在名片姓名下加“求见”“拜见”二字，再另起一行顶格写“×××”先生字样。如果别人相邀参加喜庆活动，又适逢自己无法前往，可将名片邮致祝贺，也可将名片、礼物托人一并转致祝贺，此时在名片的姓名下写“恭贺”。如果要致谢他人，可在名片的姓名下写“领”字，另行顶格写“谢”字。

（二）商用名片

商用名片与普通名片相似，只是姓名、头衔格式上有所差异。例如，一个商品推销员未担任任何职务，但因工作需要须有名片，在印制这种商业名片时，其标准的格式是将公司的名称印在名片的中间部位，而将推销员的姓名印在左上角，联络方式印在右下角。此为商用名片的第一种格式。

商用名片的第二种格式为名片的正面与普通名片相同，但名片的背面印有业务范围、开户行、账号等。

第一种格式和第二种格式的商用名片用于商务活动中都是无可非议的。但是如果不加区别地应用，特别是在社交、拜访中使用商务名片，则是一种失礼的行为。因此，商务名片是在特定的环境中使用的。

（三）特殊名片

特殊名片在格式上区别于普通名片，是名片中特别的一种。例如在一些正式社交场合中，夫妻双方共同参加社交，夫妻双方便可合用一张名片。这种名片比普通名片稍大一些，在名片上不必写先生和夫人的工作机构，只写职业即可，地址和通讯资料是共同的。不过，无论是妻子还是丈夫，独立参加社交活动时，都不应使用夫妻名片。即使是夫妻双方本应一起参加社交或拜访某人，但因故一方不能同去，也不应使用夫妻名片。

还有一类特殊名片是比普通名片大一些的对折名片。这种名片可以在第一面印上你的名字，格式和普通名片相同，另一面则可用来印上你的留言，留言必须写在对折的内面。这种名片不能在正式场合中使用。

二、名片的交换

把自己的名片递给对方，要把握好时机。未经过交流，并不适宜递上名片。如果有人介绍，等介绍完对方和自己后，再递上名片，以使对方进一步了解自己，加深印象。例如，你在一个社交场合中，在未作自我介绍前就先递一张名片，接名片者的注意力会在你的名片上，而不会用心听你的介绍。如果你在自我介绍后，再递上名片，那么效果就完全不一样了。

递交名片除了把握时间，还要有礼貌的举止。应起身站立，用双手的拇指和食指持握名片上端两角，将名片正面正对对方，然后交与对方。不能将名片背面面向对方递给对方。在与多人交换名片时，应讲究先后次序，或由近到远，或由尊到次。一定要依次进行，不可挑三挑四，采用“跳跃式”，这是一种极不礼貌的行为。

将名片递给他人时，应使用“请多指教”、“认识你真高兴”、“今后保持联系”等敬语作呼应。

名片一般放在上衣口袋中，不可放在裤兜、钱包、资料袋或记录本中，要保持名片清洁、平整。

向顾客递送名片时，应面带笑容，注视对方，身体先向前微躬，用两手的拇指和食指分别持握名片两角递出，注意名片的正面朝向顾客方向。

名片递送的顺序是：服务人员主动向顾客递；职务低的人先向职位高的人递；男性先向女士递；如分不清职务高低和年龄大小，则可先和在对面左侧方的人交换名片。

应双手接对方名片，并仔细地看名片的单位、名称和职务，如果有不认识的字应虚心询问。注意接名片的时候如果是坐着的，应该起身接受对方递来的名片。

接名片时应注意面带微笑，用双手拇指和食指接住名片下方的两角，并说声“谢谢”。如果自己没有名片应该向对方表示歉意。

注意，到顾客处拜访时，经上司介绍后，再递出名片，上司在时不要先递交名片，要等上司递上名片后才能递上自己的名片；接受名片后，不宜随手置于桌上；避免在对方的名片上随便作标记或写字，更不要无意识地玩弄对方的名片。

第四节　交谈礼仪

人与人之间的交往，相互之间的沟通，交谈是最基本、最主要的形式。语言能最有效地表达情意、传递信息。一个善于利用语言来与人沟通的人，他取得成功的机会和可能性也较大。因此，强化语言训练，增强交谈技巧，学习、掌握并正确使用好交谈的礼仪对于即将走上职场、进入社会的学生来说是至关重要的。

一、交谈礼仪的定义

交谈礼仪指人们在交谈活动中应当遵循的礼节和应讲究的礼仪等。同学们在人际交往中不能只从自己单方的动机入手，而应当遵从一定的礼貌规范，才能达到双方交流信息、沟通心灵的效果。

二、寒暄和敬语

寒暄就是人们见面打个招呼，互相问候一声，以表示礼貌和关心。寒暄是交谈的润滑剂，与人初次相识，道声问候，陌生感即随之消失，单调的气氛也会活跃起来；与熟悉的朋友打声招呼，彼此之间距离更近，友谊更加巩固。

（一）中国传统的寒暄用语

中国传统的寒暄用语通常都与吃、喝、拉、撒、睡有关系；与对象正在进行的活动有关系；与了解对方的行动目的有关系。

（二）现代寒暄语

现代寒暄语中，最常用的是“您好”。寒暄语不可没完没了，不可太具体，还应当考虑实际情况。

（三）敬语的使用

在寒暄中，敬语是表现使用者的修养和风度的最常用方式。敬语一般在以下场景使用。

（1）相见道好。“您好”表尊重，显得亲切、友善。

（2）偏劳道谢。“谢谢”。

（3）失礼致谦。“对不起”。

（4）拜托语言。“请多关照”、“拜托”。

（5）慰问语言。“辛苦了”、“您受累了”。

（6）赞赏语言。“太好了”、“真让我高兴”。

（7）同情语言。“您太辛苦了”。

一些常用敬语

初次见面：幸会	请人勿送：留步	请人帮忙：烦请
请人指教：请教	赞人见解：高见	欢迎顾客：光顾
客人来到：光临	赠送作用：雅正	看望别人：拜访
对方来信：惠书	求给方便：借光	他人指点：赐教
归还原物：奉还	老人年龄：高寿	中途先走：失陪

等候别人：恭候　　麻烦别人：打扰　　托人办事：拜托

请人解答：请问　　求人原谅：包涵　　好久不见：久违

与人分别：告辞

礼貌“十字用语”

“请”、“谢谢”、“对不起”、“您好”、“再见”

三、交谈的技巧

（一）礼貌

说话要礼貌。礼貌是待人接物的风度，它能反映出一个人有无良好的家庭教育、个性修养和文化素质。

具体来说，礼貌就是态度要诚恳、亲切；声音大小要适宜，语调要平和沉稳；尊重对方，谦虚礼让，实事求是；表情要微笑；善于理解对方，然后因势利导地谈论话题。但不要过分虚伪、客套，不要总是花言巧语。

对别人的谈话，应认真倾听，并鼓励引导对方阐明自己的思想。正确的意见，应表示赞同；不同的看法，若无原则性问题，不妨姑且听之，不必细究；若事关原则，可以婉转相告，表述自己的看法，但不要得理不让人，使别人难堪。要避免一切直接触犯他人感情的话。在自己的言谈中，要避免一切独断、自以为是的言论。

另外，在交谈中还要做到“热情三到”。

（1）眼到。眼睛注视对方，且要平视，表示尊重。

（2）口到。讲话内容要切合对方实际情况，明确表达心中所思，且须做到接待三声（来有迎声、问有答声、去有送声），准确把握对方的话题倾向，作出合理反应。

（3）意到。讲话时意思明确，态度平和、友善，意会他人言中之意，反应迅速、准确。

（二）谈话姿势

谈话的姿势往往反映出一个人的性格、修养和文明素质。因此，交谈时，首先双方要互相正视，互相倾听，不能东张西望、看书看报、面带倦容等。否则，会给人心不在焉、傲慢无理等不礼貌的印象。

交谈时，最好有一定角度，两人可斜站在对方侧面，形成30度角为最佳，避免面对面。在交谈中，如偶然咳嗽要用手帕遮住口鼻，更不要随地吐痰。

两人交谈时，目光最好在同一水平，以表示对对方的尊重。

说话时不要东张西望，也不要目不转睛地盯着对方或目光冷漠地看着对方，这些行为都会引起对方的不快。谈话时也可以适当地运用一些手势来加强语气、强调内容。但手势不能太多和幅度过大，这会使人感到不舒服，更切忌用手指点对方，这被视为是不礼貌的行为。

交谈时要注意语速和音量，要尽可能吐字清晰，不快不慢。讲话时声音要适中，以对方能够听清和不妨碍他人交谈为宜。

谈话距离，专家建议两个人交谈的最佳距离为1.3米。

为什么要距离一点三米

西欧一些国家认为，两个人交谈的最佳距离为1米。然而，从卫生角度考虑，交谈最佳距离应为1.3米，这样就不至于因交谈而感染上由飞沫传染的疾病，保证人体健康。人在说话时，可产生170个左右的飞沫，飘扬1米远，最远可达1.2米；咳嗽时排出460个左右的飞沫；打喷嚏时喷出的飞沫最多达一万个以上，最远可喷出九米远。在飞沫中大部分是水分，还含有少量蛋白质、脱落细胞和病菌。这些微小的飞沫从口腔排出后，一部分射落于地；较为细小因水分蒸发而形成更为细小的"飞沫核"，悬浮于空气中，传播疾病。因此，从保证健康出发，两个人交谈的最佳距离为1.3米。

（三）谈话主题

交谈的主题要合适，这样可以让交谈更融洽和愉快。要交谈一些积极的话题，不要提及消极的话题。可以选择双方都想谈的，都感兴趣的主题。如最近的学习、有关的同学等。

交谈中可选择一些文学艺术、历史人物等高雅主题，但需注意不要不懂装懂。也可以选择一些如文艺演出、旅游风光，还有最近的流行时尚等。

在社交中，一般有以下六个问题不谈。

（1）不非议国家政府和党。

（2）不涉及行业和国家机密。

（3）不随便非议交往对象。

（4）不背后议论领导、同事、同行。

（5）不涉及格调不高的谈话。

（6）不讨论个人问题，如收入、年龄、婚姻、健康、个人经历等。

四、聆听的技巧

（一）专心

与人交流，在一般的情况下，身心要处于放松状态，要全神贯注、专心致志，不要三心二意、东张西望，做其他无关的工作。要把自己的知觉、情感、态度全部调动起来，投入地听，用心感受。

倾听时，身体可稍微向对方倾斜，并温和地注视对方。在听人讲话时一定要注视对方，但不要自始至终盯着对方。

在倾听的过程中，要适时地发出“哦”、“嗯”等应答声，表示自己在注意倾听，以激起对方继续讲话的兴趣。即便是你感到不耐烦，也不要急于插话、否定或打断对方的话，可以等到对方的话告一段落时，再表明自己的看法。

（二）情绪要适应

应当尽量把谈话的环境放在安静的地方进行，减少外界噪音对谈话者的干扰。

聆听时，要积极鼓励对方畅所欲言，表达自己的思想。听与说是一个互动的过程，只有当听话者表现出聆听的兴趣时，说话者才会有浓厚的谈兴，我们可以多种方式鼓励对方说话。

聆听的同时，我们还要注意观察，注意说话者的神态、表情、姿势、声调、语气等非语言符号的变化。人们在表述自己的想法时，主要通过有声语言，但同时也会有意无意地透过无声语言，表达出更为隐秘的心理活动。例如，谈话时的表情，兴奋或是沮丧；身体的姿势，紧张还是放松，它们同样也在传递着某种信息。我们若将说话者的言与行结合在一起做分析，有助于我们理解他人的真实想法。

我们在倾听时，要随着说话人情绪的变化而表达同样喜怒哀乐的感情。但要消除心理障碍，保持沉静，不要受到当时情绪和气氛的影响。

聆听的过程是一个积极思考的过程，我们要边听边想，努力体察对方的感觉，敏锐把握对方话语里的深层含意。人们经常会以婉转的方式表达自己的想法，这时我们就不能仅仅从字面上理解对方，而要做一个善解人意的人，这样才会赢得对方的尊敬并乐于与你交谈。而我们也只有准确地把握了对方的真实想法后，才能使自己做出正确的判断。

（三）不随便插话

听别人谈话就要让别人把话讲完，不要在别人讲得正起劲的时候，突然去打断。假如打算对别人的谈话加以补充或发表意见，也要等到对方讲话结束后再说。

恰当地提出问题和插话，表明你对对方所谈内容的关心、理解、重视和支持。如果出现冷场，可以接着说话者所谈的内容用“为什么”等疑问句发问。

五、道谢与赞美

（一）知恩要言谢

获赠礼品与受到款待时，别忘了郑重其事地道谢。而且在表达的时候要真诚。得到领导、同学、朋友、邻居们的关照后，一定要去当面说一声“谢谢”。在公共场合，得到了陌生人的帮助，也应该当即致以谢意。

（二）道谢要真诚

表示感谢，最重要的是要真心实意。在道谢的时候，为了表达自己的诚意，一定要做得认真、诚恳、大方。话要说清楚，特别是“谢谢”两个字一定要让对方清楚地听到。表情要加以配合，最好要正视对方双目，面带微笑。必要时，还可以专门与对方握手致意或者给对方鞠躬。

六、规劝与批评

（一）规劝

规劝别人的时候，要注意用语，语气要温和，做到“苦口婆心”。在规劝别人的同时，不要盛气凌人，更不要对对方失去尊重，把规劝变成呵斥。

尽可能不要当众规劝批评别人，要给人留下面子。要给被规劝者充分的自尊，尤其不要当着他的亲人或朋友的面规劝，让人

感到难堪。要站在被规劝者的立场上想问题，要让对方知道你是在为他着想，这样才能达到规劝的效果。

（二）批评

我们在批评别人时，不要一味地责骂对方，而应先肯定，后否定，在肯定的基础上局部地否定，既顾全了对方的自尊心，又能让对方有台阶可下。这是一种很好的批评方式。

一个善于批评他人的人，在批评他人之前，还应做一番自我批评，如在批评下属前，自己先承担一定责任等。这样做，更会让人接受。

第五节　电话礼仪

在现代社会的人与人的交往、沟通中，电话起着越来越普遍和重要的作用。曾经有人这样说道：“不管是在公司里还是在家庭里，只凭一个人在电话里讲话的方式，就可以判断出其教养水准。”这里所说的“讲话方式”，就是由通话者的声音、态度以及通话者所使用的言词所构成的。

作为即将走上工作岗位的职校生，如何使用规范的电话用语，为顾客提供优质满意的服务，学习电话礼仪有着极其重要的作用。

一、拨打电话

（一）时间适宜

在拨打电话给他人时，所选择的通话时间首先要方便对方，只顾自己的行为是失礼的。在一般情况下，拨打给他人，特别是公事电话，一定要选择合适地时间，以免影响到他人。

白天一般宜在上午 8 点以后，节假日应在上午 9 点以后，晚上应在 22 点以前。在无特殊情况下，不宜在中午休息时间和就餐时间打电话，这表示尊重对方的生活习惯和家人。给国外或较远地区的朋友打电话，还应考虑时差等因素。

（二）有所准备

打电话前，首先应做好准备。

1. 列出要打的电话

选择了合适的时间打电话时，要先确认对方的电话号码，仅凭记忆是很容易拨错的。一旦拨错应向接电话者表示歉意。

2. 想好通话内容

先明确打电话的目的、准备要说的话。最好事先用笔，把重要的通话内容写成一份通话提纲。这样在正式通话时，既可以节约时间和电话费，又可以抓住重点，条理分明，不易遗漏。

打电话前的思考提纲

- 我的电话要打给谁？
- 我打电话的目的是什么？
- 我要说明几件事情？它们之间的联系怎样？
- 我应该选择怎样的表达方式？
- 在电话沟通中可能会现哪些障碍？
- 面对这些障碍可能的解决方案是什么？

3. 其他的准备

在打电话的过程中，绝对不能吸烟、喝茶、吃零食等。如果你在打电话的时候躺在椅子上，对方听你的声音就是懒散的、无精打采的。若坐姿端正，所发出的声音会是亲切悦耳、充满活力的。因此打电话时，即使看不见对方，也要当作对方就在眼前，尽可能注意自己的姿势，精神饱满，保持微笑和良好的态度。

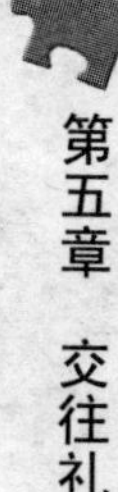

（三）通话

1. 重要的第一声

当我们打电话给某单位时，若一接通，就听到对方亲切、优美的招呼声，那么自己心里一定会很愉快，使双方对话能顺利展开，并且对该单位也有了较好的印象。在电话中我们只要稍微注意一下自己的行为就会给对方留下完全不同的印象。同样我们在打电话时，第一声就说：“你好！这里是××公司”，声音清晰、悦耳，吐字清脆，也会给对方留下好的印象，使对方对我们以及我们所在单位都会有留下良好印象。因此要记住，打电话时，应有“我代表单位形象”的意识。

2. 注意礼节，保持良好的心情

打电话时我们要保持良好的心情，这样即使对方看不见你，也会被你欢快的语调所感染，给对方留下极佳的印象。由于面部表情会影响声音的变化，所以即使在电话中，也要抱着“对方看着我”的心态去应对。

> 不管在任何地点、任何时间、任何情况下，也不管您的心情有多么地坏，您都不能将这种消极的情绪传染给电话另一端的人！因为您无权这样做，更重要的是您代表着整个公司。

接通电话后先问对方是谁，然后说你要找的人。如果对方问你姓名，一般应告诉对方。打电话时如果对方不在，一定要使用祈求敬语要求接话人帮助自己。

二、接听电话

（一）迅速接听

电话铃响后，应在电话铃响三声内拿起听筒，让对方久等是很不礼貌的，对方在等待时心里会十分急躁，会给他留下不好的印象。即便电话离自己很远，听到电话铃声后，附近没有其他人，也应该用最快的速度拿起听筒，这样的态度是每个人都应该拥有的，这样的习惯是每个人都应该养成的。

如果电话铃响了五声才拿起话筒，应该先向对方道歉，若电话响了许久，接起电话只是“喂”了一声，对方会十分不满，会给对方留下恶劣的印象。特别应该注意的是，尽量不用免提接电话。

接到商务电话要尽快切入主题，谈话应简短清楚；通话简明扼要，不要在电话中聊天。重要的商务问题，最好不要在电话中下结论。

不要让身后的声音切入到听筒中；通话时声音不宜太大，让对方听得清楚就行，否则对方会感觉不舒服，而且也会影响到办公室里其他人的工作；工作时间内，不得打私人电话。

（二）积极反馈

拿起电话的第一句话应面带微笑地说：“您好，我是×××。请问您找哪位？”通话时先问候，并自报公司、部门。

在对方讲述时要留心听，并记下要点。未听清时，要及时告诉对方。如要让对方等待，应该说明原因及等待的时间；不能接电话或不得不终止电话时，应该礼貌地告诉对方。

通话的时候一定要确认对方的姓名、身份；同事家里的电话、手机等，未经允许不要告诉别人，尤其是你上司的电话；接到打错了的电话时，态度要好，别让对方对自己或公司产生不良印象。

（三）了解来电话的目的

上班时间打来的电话几乎都与工作有关，公司的每个电话都十分重要，不可敷衍，即使对方要找的人不在，切忌只说“不在”就把电话挂了。

接电话时也要尽可能问清事由，避免误事。我们首先应了解对方来电的目的，如自己无法处理，也应认真记录下来，并委婉地告知对方，这样可赢得对方的好感。

（四）集中精力

接听电话时要精力集中，暂停一切闲谈，停止吃东西、喝水等动作。如果正在看电视或者听广播，应把音量放低。

如果自己不是受话人，则应主动代为传话。如果所找人在，则说“请您稍等一下，我去叫×××来接电话”。如果所找人不在，则说“对不起，×××不在，需要让我替您转达吗？”对方如果同意代为转达，要将对方姓名、电话号码、单位等做详细记录，然后重复一遍。如果对方不愿代为转达，不要勉强。不要轻易将别人的电话号码告诉给陌生人。

（五）做好记录

做好记录是指记录下5W1H。所谓5W1H，是指以下几点。

（1）When。何时。

（2）Who。何人。

（3）Where。何地。

（4）What。何事。

（5）Why。为什么。

（6）How。如何进行。

在工作中，这些资料对打电话、接电话都具有十分重要的作用。

第六节　拜访礼仪

走亲访友，是最常见的交际方式。每逢节假日，到亲戚、好友、长辈家作例行拜访；或是受长辈委托，到亲朋家中递送物品，捎传口信；或是到同学家中去请教问题，这些都是在日常生活中经常发生的。这些活动虽然普通，但也处处需要讲究礼节。

一、拜访的时机

（一）事先通知

确定要拜访的日程之后，通过一个电话或一个口讯，与被拜访的人约定具体日期，这有利于对方提早安排，不然则可能造成意外，令对方毫无准备而打乱原定的生活。

（二）选择适当时间

拜访应选择适当的时间，一般不要在别人吃饭和休息的时间去拜访。如果是晚上拜访，逗留的时间不宜太长，以免影响主人及其家人的休息。如果双方有约，应准时赴约。因故可能迟到或取消拜访的，应立即通知对方。

二、拜访

（一）礼貌登门

拜访时穿戴要整齐，仪容要整洁，以表示对主人的尊重和礼貌。

进门前要按电铃或轻轻叩门，要用食指敲门，力度适中，间隔有序地敲三下，等待回音。如无应声，可稍加力度，再敲三下；如有应声，要侧身隐立于右门框一侧，待门开时再向前迈半步，与主人相对招呼后，方可进入。即使主人家的门是敞开的，也不可直入屋内，应站在门外招呼，说一声："×××在家吗？"忌讲"里面有人吗？"待主人招呼进屋后方可进屋。

千万不要用脚踢门，也不要猛砸门。

（二）应邀就座

进入屋内后，要向长者、熟人以及其他先来的客人打招呼，待主人安排座位后就座。

如果拜访的人是长辈，或自己第一次前往做客，要特别注意的是主人未坐下时，自己不能先坐。如拜访的主人很熟，则可以随便一些。

如果与主人是第一次见面，应主动递上名片，或作自我介绍；对熟人可握手问候。对主人家的其他成员要主动打招呼。如遇到许多人在座，应经主人介绍后，对其一一问好。

主人让座之后，要口称“谢谢”，然后采用规范的礼仪坐姿坐下。入座时，动作要轻稳，不可猛地一下子坐下，发出响声。入座后，手可平放在沙发上或沙发的扶手上，上身稍向前倾，以示对主人的尊敬。

（三）起身谢茶

主人递上茶、水时，要起身道谢，双手迎接。如不喝茶，应婉言谢绝。做客中，遇见主人斟茶，应弯曲食指在桌面上稍稍叩响，以表示感谢。

主人献上果品，要等年长者或其他客人动手后，自己再取用。

对于主人家送上的饮料、食物，要表示感谢并大方品尝，如果不喜欢，可以有礼貌地婉拒，不应露出厌恶的表情。

烟灰要弹在烟灰缸内，果皮、果核不要乱扔乱放。

即使在最熟悉的朋友家里，也不要过于随便。

（四）礼貌交谈，注意禁忌

交谈时，如有长辈在座，应该用心倾听长者的谈话，而不可随便插话，注意交谈礼仪。

做客时，要注意自己的言行举止，不要在房间里随意走动，东张西望。遇到新鲜事物要克制自己，不要乱动。

不要随意翻寻、开启食物，也不可随便动主人家贵重的东西。如需要看电视或 DVD 等，最好请主人来操作。

随便去翻别人的柜子、抽屉之类的行为，更是绝对禁止的。

三、告辞

如同给人留下难忘的第一印象一样，拜访结束时的礼仪也同样重要。告别是为了再次相见，切勿因失礼而失去再次见面的可能。

（一）告辞的时机

做客中，若主人家来了新的客人并有要紧的事商谈，这时应尽快告辞。如果主人有事，应马上告退，并表示歉意。通常，一次拜访以一小时为好，如果是初次拜访，不要超过半个小时。

告辞要恰到好处，简洁明了而不失礼貌。

（二）告辞的语言

离开主人家时，要郑重其事地告别，不辞而别是不礼貌的。随便说一声“走了”，便匆匆出门，也会使主人觉得不高兴。

告辞前要向主人表示谢意。起身告辞时，要向主人表示“打扰”的歉意。受到主人的热情招待，临行时不忘礼貌说声“让您破费了”、“多谢您的热情款待”。告辞语言要简短，不要反复说。

分手时，应主动与主人握手道别，向主人说“请留步”等客套话，待主人留步后，走几步，再回头挥手致意，说声“再见”。尽量不要让主人远送。

第七节　馈赠礼仪

馈赠是人们交往过程中不可缺少的内容。随着交际活动的日益频繁，馈赠礼品因为能起到联络感情、加深友谊、促进交往的作用，越来越受到人们的重视。因此，馈赠活动对礼节的要求，也就越来越得到重视。

一、确定馈赠目的

馈赠的目的可以分为以下几种。

（1）为了交际。礼品的选择，要使礼品能反映送礼者的寓意和思想感情，使寓意和思想感情与送礼者的形象能有机地结合起来。

（2）为了巩固和维系人际关系。巩固和维系人际关系，即所谓的人情礼。人情礼强调礼尚往来，以“来而不往非礼也”为基本准则。因此，为了巩固和维系人际关系而送的礼品无论从礼品的种类、价值的大小、档次的高低、包装的式样、蕴含的情义等方面都呈现多样性和复杂性。

（3）为了酬谢。这类馈赠是为答谢朋友、客户、友好单位的帮助而进行的，因此在礼品的选择上十分强调其物质利益。礼品的贵贱厚薄，取决于他人帮助的性质。

二、选择礼品

选择礼品时，一定要考虑周全，有的放矢，投其所好。可以通过仔细观察或打听了解受礼人的兴趣爱好，然后有针对性地精心挑选合适的礼品。尽量让受礼者感觉到馈赠者在礼品选择上是花了一番心思的，是真诚的。

选择礼物还要考虑具体的情况或场合。

三、把握馈赠时机

馈赠一定要注意时间。把握好馈赠的时机，馈赠则可起到更好、更多的效果。

春节、中秋节、圣诞节等，都可以成为馈赠礼品的黄金时间。晋升、获奖、厂庆等日子，也应考虑备送礼品以示庆贺。在参加某一企业开业庆典活动时，要赠送花篮、牌匾或室内装饰品以示祝贺。当自己接受了别人的帮助，事后可送些礼品以回报感恩。

送礼时机要视实际情况灵活掌握，选择好送礼时机。

四、掌握馈赠礼节

要使对方愉快地接受馈赠并不是件容易的事情。即便是精心挑选的礼品，如果不讲究赠礼的艺术和礼仪，也是很难达到馈赠的预期效果的。

馈赠需要掌握以下几点礼仪。

（1）注意包装。精美的包装不仅使礼品的外观更具艺术性和高雅的情调，显示出赠礼人的文化艺术品位，而且还可以避免给人以俗气的感觉。

（2）注意场合。当众只给一群人中的某一个人赠礼是不合适的，给关系密切的人送礼也不宜在公开场合进行。只有象征着精神方面的礼品，如锦旗、牌匾、花篮等才可在众人面前赠送。

（3）注意态度和动作。赠送礼品时，只有态度平和友善、动作落落大方并伴有礼节性的语言，才容易让受礼者接收礼品。

（4）注意时机。一般赠礼应选择在相见、道别或相应的仪式上。

（5）处理好有关票据。礼品上写有价钱的标签一定要早点清除干净。但如果礼品是有保修期的“大物件”，如家用电器、电脑等，可以在赠送礼品的时候把发票和保修单一起奉上，以便将来受礼人能够享受礼品的售后服务等。

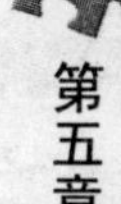

五、受礼礼仪

一般情况下，不应当拒绝受礼，如果觉得送礼者别有所图，应向他明示自己拒收的理由，态度要坚决，方式要委婉。

接受礼物时，不管礼品是否符合自己的心意，都应表示对礼物的重视。应将礼品当面打开欣赏，并赞美一番。

接受了他人的馈赠，如有可能应予以回礼。有礼有节的馈赠活动，有利于拉近双方的距离，增加合作的机会。

作为人际交往的重要内容之一，馈赠活动越来越受重视，并得到广泛的使用。而馈赠的礼仪，也就成为我们必备的知识之一。

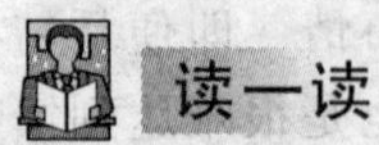

读一读

老师给同学的话

中小学生送礼赠物等行为，一般情况下是不提倡的。但是，自古以来，中国人即有“礼尚往来，略表寸心”的传统，有以馈赠表达感情和增进情谊的社交习惯。

在日常生活中，随着年龄的增长，交际的增多，身为学生的我们，需要送礼的时候也渐渐多起来了，例如，当教师节时;当过父亲节、母亲节或儿童节时;当同学过生日时。这种时候，通过赠送富有意义的礼物，表达我们美好的情谊和心意，便是必要的了。

礼物是心意的表现，只要能代表和传达我们的心愿的礼物，便是好礼物。有些同学认为越贵重的东西越好，钱花得越多越表示友好，这是十分错误的。“千里送鹅毛，礼轻情义重”这句老话，体现了礼物贵不贵重并不重要，重要的是心意本身。一根普通的鹅毛可以表达对皇帝的忠心，一册小诗，一张贺卡等同样能充分抒发我们的爱心和情谊。

我们并不反对在适当的时候，在亲朋好友间赠送一点有纪念意义的小礼品。但从另一个角度看，纯真的友谊之花，并不是靠金线和礼物来浇灌的；情谊的轻重，也并非靠礼品的厚薄、多寡来衡量。朋友间的交往，不一定非要借助于互赠的礼物。

学生是单纯的消费者，自己尚未能通过劳动创造价值。在这种时候大手大脚花钱买礼物，肯定会加重父母的负担，同时助长奢华浪费的不良风气。本来，送礼是为了增添生活中美好的气氛，可如果这样一来却首先影响了自己家庭的生活，那岂不是好事变成了坏事。

礼物传真情

故事 1：唐朝贞观年间，回使臣缅伯高奉命给唐太宗皇帝进贡一只稀世天鹅。路途遥远，天气又闷又热，缅伯高和随从们唯恐天鹅热死，一路提心吊胆。在路过湖北沔阳时，他们发现有一个小湖，湖水清澈见底，透心凉气，于是喜出望外地给天鹅洗澡。岂料天鹅竟从手中挣脱，展翅高飞而去，只丢下一片洁白的鹅毛。缅伯高悔之莫及，顿足痛哭，硬着头皮写了一首诗，连同这片鹅毛送进京城，献给唐太宗。诗曰："天鹅贡唐朝，山高路又遥，沔阳湖失宝，倒地哭号号。上复唐天子，请饶缅伯高。礼轻情义重，千里送鹅毛。"唐太宗听罢沔阳湖飞失天鹅的禀报，体念使者真心实意之情，便欣然接纳了这片鹅毛。

故事 2：普希金为写一部小说，到一座小城去搜集材料。城里的官吏和市民，把这位仪表出众的青年误认为是彼得堡来的私访官员，争相逢迎拍马，弄出好多笑话。这段经历无疑是构思小说的宝贵素材，但普希金没有匆忙动笔，他觉得这个素材给他的朋友果戈理会更有价值，因为他深知果戈理特别善于写讽刺官场和社会丑恶现象的作品。果戈理收到这份"礼物"之后，兴奋不已，文思泉涌，很快便创作出了轰动当时社会的不朽名剧《钦差大臣》。创作素材是无法从商店里购买的，因此也无法用钱币来计算。普希金和果戈理的情谊是完全建立在彼此充分信任和了解的基础之上的。

想一想

1. 上面两则故事，讨论礼品的作用和馈赠礼品的真正内涵。

礼物对于人际沟通的作用：

____

____

礼物对于情感表达的作用：

____

____

2. 一位老太太在她 80 岁生日来到之际，收到她唯一的儿子的生日“礼物”——一张数额不小的支票。她却用那颤抖的手把这张支票撕成碎片。那么，她希望得到什么样的礼物呢？

3. 一位韩国的女孩来到我们学校，在一个班级和同学们一起学习生活，我们应该为她选择什么礼物呢？

4. 想让对方喜欢你的礼物，还要考虑哪些关键因素？

做一做

1. 自己接到心爱礼物的感受，并总结记录下来。说说什么样的礼物最能打动人心。

2. 讲述自己为别人选礼物的经过，并根据自己的讲述把这些经过整理成步骤，记录下来。

这些环节中哪个环节花费的时间最长，最耗费心思？为什么？

善于赠送礼物的人，所挑选的礼物，总是经过细心的选择，同时因其独特的风格，使人觉得该礼物还值得收下。选择自己喜欢的礼物送人，这种在选择时已费了一番心思的礼品，就能够使人欣然接受。那么应该怎样做才能成为一个选送礼物的高手呢？

3. 分几个小组到附近各种档次的礼品店进行调查，包括为父母、师长、朋友（同学）、亲人等不同的人过生日所选择的礼品，以及一般礼品的价格。汇报自己的调查结果。

（1）生日礼品价格

为父母　　　　　　为师长

为朋友　　　　　　为亲戚

其他

（2）畅销工艺礼品及价格

礼品

价格

4. 调查鲜花的寓意

要想让鲜花能真正传情达意，最重要的是懂得鲜花的寓意——花语。

把全班同学分成若干组，到附近鲜花店和花市去认识鲜花，弄明白花语，以及不同的场合与节日送的不同鲜花。看哪一组同学调查的结果最多、最全。

花名　　　寓意及场合　　　花名　　　寓意及场合

第八节　贺卡、网络礼仪

一、贺卡礼仪

贺卡需要精心挑选，不能马虎。要根据所送对象不同，挑选不同类型的贺卡，比如寄给朋友的，要温馨一些；寄给老师的，要古朴、庄重一些。根据用途不同，也要挑选不同的贺卡。贺年卡、圣诞卡等与生日贺卡就有很大的不同，因此挑选贺卡的时候，

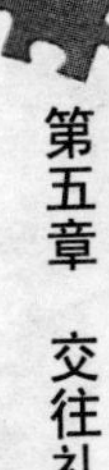

特别是挑选印刷了祝词的贺卡时一定要仔细。

贺卡是表达自己感情的。如果是用贺卡上现成的文字或者用打印机将字打上，显得不够亲切。在给朋友邮寄贺卡时，最好亲笔书写，这样能提高情感的含量。如果有可能，贺卡的贺词最好也是自己创作，针对不同的人，书写不同的祝词。

贺卡用纸很多都是用木材制成，过量的使用贺卡，将有太多的树木遭到砍伐，因此在发送贺卡时要注意选择，不要过多过滥。

最近几年，电子贺卡逐渐兴起，这种贺卡不仅不浪费资源，还有动画等更多的功能。因此，在双方都有条件上网的朋友之间，可以使用电子贺卡。

贺卡写好后，要及时寄出。贺卡在节日或纪念日之后到达，是很不礼貌的。可以根据一些通信经验和实际情况，计算出恰当的邮寄时间。

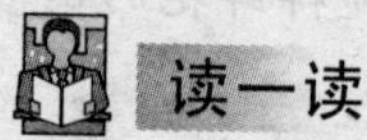

应该没问题

一个年轻人给一位老人邮来80岁生日的贺卡，不过，他的措辞却不是很严密，他写道："真希望明年还能给您邮寄贺卡祝贺您的生日。"

这位老年人看了之后很不舒服，于是他给年轻人把贺卡退了回去，上面补充道："我看你身体这么壮，应该没问题。"

想一想

读了这则故事后，请指出这个年经人错在哪里？

二、网络礼仪

学生的主要精力应该放到学习上，因此，除了正常的网络学习外，作为娱乐的上网一定要注意时间的把握，不要在正常的学习时间上网。在择时上网的同时，也要把握分寸，适度上网。如果长时间沉溺于网络，甚至不分昼夜地上网，不仅耽误学习，而且对自己的身体健康也是有害的。

互联网使得来自五湖四海的人们可以在一个共同的地方聚集，虽然自己身边没有别人，但别忘记网络的那端还有别人。不要以为只是自己面对着电脑屏幕，而让自己的行为变得粗劣和无礼。记住他人的存在，当面不该说的话在网上也不要说。

和现实生活中应该遵纪守法一样，在网络中也同样应该遵纪守法。网上的道德和法律与现实生活中是相同的，不要认为网络是虚拟世界，就可以降低道德标准。

在聊天室或者论坛发信息、提问题、寻求帮助之前，首先自己要花些时间去搜索和研究。实在弄不明白了，再寻求他人的帮助。不要随便什么问题都以自我为中心，都发帖子，这样不仅浪费了网上的资源和别人的时间，还很可能给自己的网络形象打折。

虽然在网络上可以是匿名的，别人无法从你的外观来判断，但还是要用自己的一言一语树立良好的网络形象。无论是聊天室还是论坛，都要做到有的放矢，不要随便开口。在发帖或者聊天之前，应仔细检查语法和用词，不要故意挑衅和使用脏话。

如果在某方面你自己是个专家，或者知道确切答案，应该尽量告诉别人，不要故弄玄虚。如果你提了一个有意思的问题而得到很多回答，特别是通过电子邮件得到回复以后，应该写份总结与大家分享。

常用网络语言

美眉——指美女。

伊妹儿——英文“E-mail（电子邮件）”的音译，也作

“依妹儿”、“妹儿”使用。

大虾——“大侠”。指在网络里资格很老的人，网龄通常在两年以上，或技术高超，或文笔犀利，或乐于助人，在网上有良好声誉。

酱子——“这样子”的快速省事读法。

菜鸟——指刚刚上网的新人。

恐龙——在《第一次亲密接触》中，称外形不佳、性格非常外向的女网民为“恐龙”。酷——也作“裤”，为英文“cool”的音译，很帅、有个性的意思。

偶——“我”，网络上常见的第一人称表述。

当——英文“down”的音译。“当机”表示电脑死机，单独使用常表示在网上下载文件。

回——回复的简称，通常在讨论区使用。

BT——变态。常用于网络笔战。

CU——Seeyou，再见。

GGMM——与履历表中的“性别”栏功能相同。GG 指哥哥，表明性别是男；MM 指美眉(详见“美眉”项)，表明性别是女。

IC——I see，我知道了。

P——“臀部”的文雅表达，常见于网络笔战。

Q——多义词。一义指 ICQ 的简称；一义为英文“Cute”的音译，“可爱”的意思。

88、886——拜拜。

3Q——谢谢。

520——我爱你。

94——就是。

5～——“呜～”，指哭声。

在网络的论坛或者聊天室中出现争论是很正常的，但要注意心平气和。在争论中，要以理服人，不要进行人身攻击。更不要因为争论不过别人或者为了强调自己的观点而刷屏。

别人与你用电子邮件或私聊（ICQ/QQ/MSN）的记录属于个人隐私，不要随便公开在论坛上或聊天室内。如果你知道某人的网名是什么，在论坛、聊天室或聊天群中，未经同意将其真名公开也是对个人隐私的侵犯。

如果你是电脑高手，也要学会宽容，不要对新手咄咄逼人或者高高在上。

大家都曾经是新手，都有犯错误的时候。因此，当看到别人写错字、用错词或问了一个低级问题时，不要太在意或者进行公开嘲笑。

如果你这个“大虾”真的想给他建议或者帮助，最好用电子邮件等方式私下进行。

如果你是个管理员或者版主，虽然拥有比其他用户更多的权力，也应该珍惜使用这些权力。要多为大家服务，不要随便滥用权力。

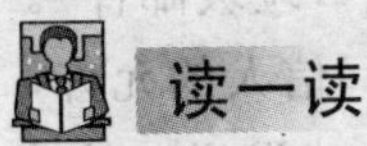

读一读

网上交友的原则

保密原则：在网上，不要随便散布任何需要或值得保密的信息。

小写原则：在书写英文时，不要全部使用大写字母，这样会造成人们阅读的困难与情绪紧张。

尊重他人原则：如果你是在和不熟悉的人联系，要在联系时标明道歉的词句，否则人家可能不喜欢你。

不耽误他人时间原则：人人的时间都是宝贵的，因此不要重复某一句话；向他人询问问题时，每次尽量只询问一个问题。

诚实的原则：网络虽然是虚幻的，但在网络上交友，也

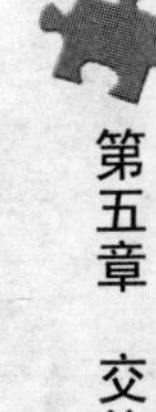

不要随便欺骗别人，网络同样需要真诚。

谨慎的原则：和现实交友一样，网络交友更要慎重，因为一个朋友对自己的影响是很大的，不要随便交不好的朋友。

不随便见面原则：同网友见面更要谨慎。不经过长时间的交往，不要随便见面。另外，和网友见面，最好不要单独行动，可以结伴而行。出去见网友时，最好事先告诉家人或朋友，随时联系，降低风险。

在使用电子邮件（E-mail）时，也要注意以下几点礼仪。

（1）认真撰写。写电子邮件时应遵循书信的内容、格式。首先要写上收件人的名称，并使用得体的称呼。电子邮件应当精心构思，认真撰写。在撰写电子邮件时，要做到主题明确、语言流畅、内容简洁。

（2）不发“垃圾邮件”。虽然电子邮件不需要邮资，而且发送简便迅速，但也应注意不要随意发送。若无必要，轻易不要向他人乱发电子邮件，尤其是不要以此与他人聊天。不要随意以电子邮件的方式在网上征友，不要让自己的邮件变成“垃圾邮件”。

（3）尊重他人隐私。转发他人邮件，应得到写信人的允许，不得擅自传递私人信件。秘密邮件要通过特殊的方式发送，注意保守秘密和个人隐私。

（4）要尊重他人。与他人进行电子邮件往来要讲究“网德”，不要发出轻狂、污秽、放肆之言；不充当“黑客”侵入别人的网站、邮箱；不要制造和传播病毒。收到要求回复的电子邮件，要及时给予答复。邮件信息不要太冗长。这样既不会引起对方的注意，也不会让对方很愉悦地看下去。

（5）注意邮件格式。发送附加文件要考虑对方能否阅读该文件。例如，压缩格式的能不能阅读，如果可以，你才能发送压缩格式的文件。

电子邮件还应当注意编码。因为中文文字自身的特点加上一些其他的原因，我国的内地、台湾地区、港澳地区，以及世界上其他国家的华人，目前使用着不相同的中文编码系统。所以在向他们发送电子邮件时，要注意编码问题，否则对方可能看到的是一封由乱字符所组成的邮件。

读一读

恐怖邮件

一个男人去牙买加度假，他的妻子打算第二天与他在牙买加会合。这个男人到了旅馆后，决定给妻子发一封电子邮件。可是他的地址写错了，这封邮件发到了一位刚丧偶的中年妇女的电子信箱里。悲伤的寡妇检查邮件时，看了一眼显示器，尖叫一声，晕倒在地上。她的家人闻声跑过来，看到屏幕上显示着：

最亲爱的妻子，我刚入住。每样东西都准备好了，迎接你明天的到来。

爱你的丈夫

附：这里真是很热。

课后练习

一、选择填空

1. 告别时，握手的正确做法是（　　）。

A. 客人先伸手　　B. 主人先伸手　C. 两人一起伸手

2. 握手的标准方式是行至距离握手对象的（　　）。

A. 1 米远处　　　　B. 2 米远处　　C. 0.5 米远处

3. 交谈时应（　　）。

A. 面带微笑　　　　　　B. 视线转移

C. 东张西望　　　　　　D. 经常看表

4. 交谈的正确方式是（　　）。

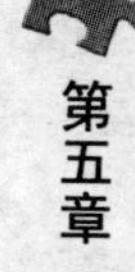

A. 挑对方毛病　　　　B. 自我中心

C. 经常插话打断别人　D. 善于聆听，集中注意力

5. 对别人的业余生活（　　）。

A. 可以评论　　　　B. 可以小范围评论

C. 可以背靠背评论　D. 不妄加评论

6. 每逢得到帮助、承蒙关照、受到礼遇时，都应立刻向对方说（　　）。

A. 再见　　　B. 谢谢　　　C. 失陪

7. 职场交往中，以下哪个为“安全”话题？（　　）。

A. 年龄和收入　　　B. 婚姻和家庭

C. 天气和艺术　　　D. 健康和死亡

8. 交谈讲究双向交流，应养成（　　）说话的习惯。

A. 轮流　　　　　　B. 以对方为主

C. 不时打断或插话　D. 以我为主

9. 赴约时，不得已要迟到了，应该（　　）。

A. 打电话去告诉对方要迟到了

B. 干脆不去了

C. 不管它，到了以后再道歉

二、判断是非

1. 任何情况下都不应拒绝与他人握手。（　　）

2. 不要在握手、介绍和交谈时戴着墨镜，只有患有眼疾或眼部有缺陷者方可例外。（　　）

3. 团拜、开会、过节、祝贺等场合使用拱手礼。（　　）

4. 送客时，主人应先起身，先伸手告别。（　　）

5. 男士与女士握手时，应紧紧握住较长时间，以示尊重。（　　）

6. 为他人介绍时，应遵循“尊者优先”的原则。（　　）

7. 介绍上级与下级人员相识时，应先把下级介绍给上级，然后再把上级介绍给下级。（　　）

8. 介绍时，被介绍人都要起立。把年轻人介绍给老年人时也不例外。(　　)

9. 赠送礼物时，本着节约的想法，可把人家送的礼物或公司派发品转送给他人。(　　)

10. 当不能接受对方的意见、满足对方的要求时，不需要说“对不起”。(　　)

11. 问候时，可以随意询问对方有关家庭和健康的细节。(　　)

12. 俗话说，祸从口出。言论要顾及他人的存在和感受，要与自己所处的地位相应相称。(　　)

13. 在交谈过程中，应选择令对方感兴趣的话题，回避对方忌讳的话题，如个人的隐私或令对方不愉快的事情。(　　)

三、思考题

1. 歌德说：“一个人的礼貌，就是一面照出他肖像的镜子。”思考这句话蕴涵了怎样的含义？你是怎样理解的？

2. 握手是重要的见面礼节。在下列情况下，见面的双方应该由谁首先伸出手来促成握手，并说明原因。

（1）甲单位的张小姐和乙公司的董先生。

（2）公司的总经理和营销主管。

（3）退休的老李和其接任者小王。

（4）宴会主办者和嘉宾。

（5）有 5 年资历的公关经理和刚来的客户服务部副主任。

（6）陈经理与前来拜访的其他单位领导告别。

3. 握手可以传达哪些信息？

4. 行握手礼要讲究哪些场合和分寸？

5. 递交名片和接受名片要注意些什么？

6. 名片作为以自我的“介绍信”和社交的“联谊卡”，

在人际交往中可用以证明身份、联络老朋友、结交新朋友。想想使用名片在社交中可以起到什么作用？

做一做

1. 试一下正确的握手姿势。

2. 了解名片的种类和规格，自己设计一个名片，并互赠自己制作的简易名片。

测一测

1. 在一个聚会中，你看见前面有一位老者是你认识的，你应该怎么做？

2. 老者正在和很多人说话，那应该怎么办？

3. 当你和老者握手后，他把一位异性介绍给你认识，你该注意什么？

4. 你看见了多年以前的同学，该怎样握手？

5. 在你要握手的人中，有一个是你的老师，该怎么做？

社会实践

你遇到过交往过程中对方不礼貌的情形吗？记录当时的情景，把当时你的心理感受写下来，全班交流讨论。

第六章 我国主要节日及习俗

学习目标

了解我国主要节日及习俗。

了解我国的主要宗教信仰和宗教的基本文化。

随着社会的进步，人们的社交面逐渐扩大，礼仪已成为社会文明的标志，人们的正常生活都离不开礼仪。在人际交往中，讲究礼仪不仅是自尊的表现，而且是对他人的尊重。

为继承和发扬中华民族的优良传统，作为学生，我们应当用规范的礼仪来指导自己的一言一行，要学礼用礼，以礼待人，养成理解、宽容、谦让、诚实的待人态度和庄重大方、热情友好、谈吐文明、讲究卫生的举止行为，成为中华民族优秀的一代。

第一节　我国主要的节日

节目及节庆的礼仪活动，是我国历史文化的一个组成部分。在漫长的岁月中，各种节日、节庆经过沿袭和相传，有的被淘汰，有的被保存下来并有所发展，不但成为我国民间生动的、多姿多彩的节日、节庆，而且还表现出了一系列历史制度及其思想观念。

一、春节

春节又称为过年，在我国民间有悠久的历史。原始社会称为载，即万象更新之意；夏代称为岁，表示新年一到，春天就来了；商代叫祀，表示四时已尽，该编入史册了；周代才开始叫年，年的原意是预祝丰收喜庆的日子，和人类生产劳动的周期性相关联；到了汉代，人们把立春这一天定为春节；辛亥革命后，南京临时政府决定推行公历。以公元纪年，把农历的正月初一定为春节，直到今天，人们还习惯称春节为过年。

随着历史的发展，时代的进步，春节形成了许多风俗习惯，其中带有迷信色彩的内容已被人们所淘汰。今天，民间盛行的春节庆祝活动仍非常丰富，大致有以下几种。

（1）扫尘。在我国民间，保留着从腊月二十四日开始，家家户户便要“洒扫门闾，去岁秽，净庭户”的扫尘习俗。它源于古代人们驱除病疫的一种宗教仪式，逐渐演变，成为我国人民爱清洁、讲卫生的一种传统。

（2）剪纸。这是我国民间传统艺术的一种形式，因剪纸多贴在窗口上，故又称为窗花。贴窗花已成为春节烘托节日气氛和节日装饰的重要艺术活动。剪纸发展到现代，著名的有山西浮山剪纸、陕西剪纸、江苏扬州剪纸、四川自贡剪纸、广东佛山剪纸等。这些剪纸艺术成为我国几千年来劳动人民的艺术结晶，在世界艺术史上享有很高的声誉。

（3）贴年画。春节期间在居室里贴上几张年画，既增加新意，又表示辞旧迎新，是广大群众喜爱的一种习俗。它源于历史上的门神画，过去民间在大门上贴钟馗画像，冀以御凶。后来随着雕版术的发展，年画从北宋开始采用木版印刷。我国古代较出名的三大民间木刻画是天津的杨柳青、苏州的桃花坞和山东的潍坊，这些木刻画在我国版画史上占有重要的地位。随着科学技术的发展，年画已采用多种先进方法印刷，形式各种各样，题材也更加广泛，风格也各异。例如，今天上海的月历牌年画、四川的绵竹年画、广西柳州年画等，都具有独特的风采、强烈的时代气息和浓郁的生活情趣。

（4）贴春联。贴春联是春节主要的传统习俗之一。民间的说法即是“封门”。对联以它工整、简洁、精巧的文字，描绘时代的背景，抒发美好的愿望，是我国独创的一种富有民间文学色彩的娱乐活动。它的风格千姿百态，有的婉转含蓄，有的豪放粗犷，有的托物言志，有的借古喻今，寓情于景，激浊扬清，使人深受教益。连外国朋友见了都觉得新鲜，说中国人都是诗人。此外，在部分地区，还有贴福字的习惯，甚至把福字倒着贴，示意“福到”。

（5）守岁。除夕之夜，人们通宵不寐，叙旧话新，一家老少围坐在一起高兴地吃着团圆饭，祝贺来年有良好的开端，称之为守岁。民间传说，除夕晚彻底不眠，毫无倦意，预兆来年精力充沛，精神焕发。受我国的影响，在日本、泰国、越南等国，均有除夕守岁之说，连欧洲、非洲也有类似的习俗。

（6）拜年。春节期间有亲友邻里间相互拜年的习俗。远古的时候，相传“年”是一种怪兽，异常凶猛，每逢大年三十晚上，人们把肉食放在门口，然后关门躲在家里。到了初一早上，人们开门见面，作揖道喜，互相祝贺未被“年”吃掉。到了宋代，发展成为相互登门时，送上名帖以示祝贺。后来，名帖又发展为贺

年卡。清代又演变为用锦盒装上用红色硬纸制作的贺年卡送给对方，以示庄重。如今拜年，是人们互相走访，祝贺节日，辞旧迎新的一种形式，人们也利用节日交流思想，联络感情，消除隔阂，增进团结。拜年方式各样，有同一单位几个人一齐前去贺年的，有下级对上级的看望，有大家聚在一起相互祝贺的。

傣族的泼水节

泼水节是傣族的年节。在清明前后7天左右。这一天，男女老幼互相泼水表示友谊。被泼得越多，心里越高兴，说明受到的祝福也越多。对老人须文泼，即舀一勺净水，拉开老人的衣领，边祝福边泼，让水沿着脊梁流下，老人则高兴地接受祝福。青年男女则可武泼，不仅用勺泼，还可用桶泼，怎么泼都行，人们互相追逐，一般泼向头部和腹部，边泼边嬉笑，很是热闹。泼的水必须是清澈的泉水，它象征友爱和幸福。

二、清明节

每年农历春分后半个月，约在公历4月5日或6日，是我国的清明节。清明含有两层意思：一是指节气，二是指节日。清明是我国农历二十四节气之一，清明一到，气温回升，雨量增多，是春耕春种的大好季节；作为节日则含着某种风俗和纪念意义。

旧时，清明节前二日为晋文公哀念介之推而定的“寒食节”，这一天要禁火冷食，以示对死者的纪念。随着历史的演变，寒食节的原意已被废黜，逐渐与清明节融为一体。但悼念先人却成为清明节的一项重要习俗。根据习俗，人们在清明节要举行扫墓活动，到亲人的墓上献鲜花或花圈，并植树添土。通常还携带鸡、黍、果、酒等到墓地祭供，北方有的在坟头压上三张黄纸，以表示对先人、祖先的缅怀。

在民间，清明这一天的早晨，家家户户都要采集或买上几枝杨柳插在门上，南方有些地方还把杨柳做成柳球。传说姑娘们戴了柳球，可以红颜不老。清明节这一天的早餐，民间多有用青菜汁和糯米做成“青团”的习俗。这一天，民间还有放风筝的习俗、淘井（隐喻井水清明之意）的习俗等。

彝族的火把节

火把节又称为四星节。彝族在每年农历六月二十四日过火把节。节日晚上，人们燃起火把集会在村头、寨边，到林间和田里奔跑，“驱除虫害和邪恶”。同时，男女青年弹起月琴和“大三弦”，跳起优美的舞蹈，边跳边转边拍掌，称为“阿细跳月”，一直跳到天亮。火把节上还表演摔跤，优胜者可获得奖励。

三、端午节

我国的农历五月初五是端午节，亦称端阳节、重午节和天中节。端午节的习俗是围绕“除鬼驱邪”和纪念我国历史上伟大的爱国诗人屈原而展开的。端午节前，亲朋好友有送礼的风俗，一般以粽子、鸡蛋、面条等相赠。过节这天，家家户户都要在大门口挂菖蒲、艾蓬和大蒜头，有的甚至挂在卧室内。菖蒲意为犀利的宝剑；艾蓬如多节的铜鞭；大蒜头象征一柄银锤，可以“除鬼驱邪”，有的人家则挂一张钟馗像。在农村，家家户户都要用白芷、芸香、艾蓬和蚊香在室内进行烟熏，以达到杀灭害虫的目的。

这天的午餐最为丰盛。在南方，黄鱼和雄黄酒是必不可少的。食黄鱼，是因为时为黄鱼汛期，人们都爱在节日尝新；雄黄酒除

喝外，还向四壁喷洒，以祛毒驱虫，有些地方还在小孩的头上写上一个“王”字，以期保平安。

传说屈原是在这一天投入汨罗江死的，屈原的姐姐为了不让鱼鳖伤害其身体，曾包粽子投入江中。从此，每年端午，当地人们都要包粽子投入江中，祭祀、纪念屈原。于是，粽子便成为人们端午节的节日食品。

划龙舟是端午节的一项盛大活动。龙舟最初是用来掷粽子的运输工具，后来逐渐演变成为一种具有民族特色的体育器具。

按旧俗，五月一日龙舟便要下水，参赛者赛前要发请柬，邀请亲朋好友前来观看。亲朋好友则要剪红布、放爆竹，在河边接船。优胜者在接受亲友的赠礼后，要划舟一圈，并唱歌以示谢意。现在的龙舟比赛的体育色彩更浓了。运动员穿统一的服装，随着指挥者的哨音，整齐地奋力划桨，驰向终点，优胜队可以受到各种奖励。

四、中秋节

农历八月十五为我国的中秋节。每年的这时又正值我国国庆节前后，使这个传统的节日更富有浓郁的喜庆气氛。

花好月圆是中秋节的一大特色。这个时节，正值桂花开放，清馨溢人，加上十五月儿圆，秋高气爽。旧时，人们都爱在这天折桂插于瓶中，放置卧室，馥郁的香味，令人心旷神怡。

中秋节的节庆活动，一般从早晨开始。民间早餐要吃糖煮的糯米藕片，意亲情浓烈。白天要采购供晚上赏月吃的月饼和各种新鲜果品。南方一般要准备藕、西瓜和各种时令水果；北方一般准备柿子、菱角。夜晚赏月是中秋节的高潮，合家团圆，边赏月边吃月饼。月饼原是奉月神的供品之一，我国有关月饼的最早记载在南宋，民间开始盛行中秋吃月饼是在元朝末年，为纪念朱元璋八月十五日起兵反元时的食品，后来成为中秋节的必食佳品。

月饼流传到现在，较闻名的品种有京式、苏式、广式、宁式月饼等。

在我国的乡村，有些地方还有“走月亮”的习俗，即这天晚上妇女要盛妆结伴出游，一直到鸡鸣方还；有些地方还有送藕的礼节，选择两只长藕，其节数为双数，以取“对偶成双”之意。

那大慕

蒙古族的那大慕严格地说，并非节日，而是一种娱乐，于每年农历七八月间举行。此时牧草繁茂、牛肥羊壮，牧民奶多富足，举办那大慕表示喜庆丰收。蒙古族同胞喜欢赛马、摔跤、射箭和音乐，而这些只有在那大慕上才能全部看到，此时人山人海，不算正式节日，却比节日还要热闹。

蒙古族的摔跤是那大慕盛会上的第一个节目，摔跤的人数必须成双，任何人都可报名，实行淘汰制。赛马最吸引人，方圆数万里的人都赶来参赛，赛马不备鞍，参赛人不穿靴袜，但身着美丽彩衣，头束艳色飘带，扬鞭催马全身前倾，飘带飞起，异常英俊。射箭分静箭和骑射两种，以中靶箭数多者为胜。

那大慕会上，还进行音乐舞蹈比赛，人们里三层外三层地围成圆圈，唱到动情时，观众都成了演员。人人载歌载舞，歌声圆润、有力，能传出数里之遥。

第二节　我国的宗教信仰

我国是一个多宗教的国家，各族人民信仰的主要有佛教、道教、伊斯兰教、基督教和天主教。在黑龙江省和新疆的一些地区有少量的东正教教徒。

一、佛教

佛教相传为公元前6～公元前5世纪古印度的迦毗罗卫国（今尼泊尔境内）王子乔答摩·悉达多（释迦牟尼的原名）所创立。它在当时以众生平等的思想反对印度的等级制度中的婆罗门而被广大群众接受并广为流传。

东汉时，佛教传入我国，分为北传佛教和南传佛教。北传佛教以大乘佛教为主，传入汉族大部分地区，与中国传统文化相融合，又称为汉地佛教，其经典属汉语系统；传入西藏、内蒙等西北地区的则为北传佛教中的藏语系统，俗称喇嘛教，其经典属于藏语系统。南传佛教以小乘佛教为主，主要传入我国云南一带的傣族、崩龙族等少数民族地区，其经典属于巴利语系统，也称为上座部佛教。

佛教的纪念日有浴佛，又称为灌佛，是用以纪念释迦牟尼的诞辰。相传释迦牟尼的母亲在蓝毗尼花园里生下悉达多太子后，飞来九条龙为太子吐水沐浴。在我国汉族地区，多以夏历四月初八作为佛诞辰日。佛寺常在这天举行诵经活动，并用沉香等名香浸水合成香汤，灌洗释迦太子像，以纪念佛的诞生。

农历十二月初八是释迦牟尼的成道日，汉族地区的佛寺于该日诵经，并效法佛成道前牧女献乳糜的传说，取香盒及果实等煮成粥供佛。汉族的腊八粥也由此得名。后来这个纪念日演变为民间习俗，具有庆丰收的意思。农历二月十九日为观音出家的纪念日，农历六月十九为观音的诞辰，农历九月十九为观音成道日，在这三个纪念日里，善男信女们都要到佛寺去礼拜诵经，纪念观音。

佛教的宗教礼节有合掌礼、顶礼和摩顶。合掌礼是佛教徒的普通礼节；顶礼为出家和尚对佛像行的礼节，即头面触地以表恭敬至诚，俗称五体投地；摩顶又称为摸顶，即由上师手摸众信徒的头顶，加赐福，僧人传法给弟子也要行此礼，俗称摩顶授记，受者则要以顶礼致谢。

我国佛教的弥勒佛及四大菩萨

我国佛教基本上都属于大乘佛教。大乘把释迦牟尼神化以后，产生很多菩萨，其中最著名的是弥勒佛和文殊、普贤、地藏、观音四大菩萨。

弥勒菩萨又称弥勒，姓阿逸多，生于南天竺婆罗门家庭。传说释迦牟尼曾预言，弥勒将继其位于华林园一龙华树下，所以被称为未来佛。我国寺院里开口常笑的胖弥勒，并非弥勒，而是五代一个疯和尚，常背布袋行乞，人称布袋和尚。他作偈唱道“弥勒真弥勒，分身千百亿，时时示时人，时人自不识”，佛教徒便把他当作弥勒的化身，按他的形象塑造成中国式的弥勒。

文殊师利菩萨，简称文殊，传系释迦牟尼左胁士，专管智慧。顶结五髻，手持宝剑，以示有智慧且锐利，坐骑多为猛狮，表示有智慧而威猛。五台山是他显灵说法的道场。

普贤菩萨，系释迦牟尼的右胁士，专司理德，坐骑多为白象。峨眉山是他显灵说法的道场。山上的万年寺内，有北宋太平兴国五年（980）为他祷造的身骑六牙白象的铜像。

地藏王菩萨，简称地藏，九华山是他显灵说法的道场。地藏降世为新罗国（今朝鲜）王族，名金乔觉，出家后，于唐代玄宗时来华居九华山。99岁示寂，颜面如生，肉体不腐，全身入塔。

观世音菩萨，因讳唐太宗名，故唐后简称观音。观音是阿陀佛的左胁士（与右胁士大势至菩萨和其父阿弥陀佛合称为“西方三圣”），佛教认为他是一位大慈大悲的菩萨。若有人遇难时只要呼叫观音，观音菩萨即可观其声音前往拯救，

故名观世音。普陀山是他显灵说法的道场。北魏灵太后笃信佛教，灵太后却打破“女身不能成佛”的惯例让观音成为女性，此后，中国寺院内的观音多改塑为女性。

二、道教

道教是中国固有的宗教。主要流传在汉族地区，但在白族、羌族、苗族等少数民族地区也有流传，现已传至东南亚和北美及欧洲的华人之中。

道教创始于东汉，已有1800多年的历史。它尊奉老子为教祖，以《道德经》为主要经典，基本信仰是“道”：认为“道”是天地万物的根源，又是万物演化的规律。“道”既是超自然的力量，又具有人格，认为“道”在社会和人群中体现为“德”，人与德相结合才能得道。

道教信奉的神仙众多，每逢神仙诞辰都要举行隆重的祝圣宗教活动。例如，农历正月初九称为天诞，即玉皇大帝的诞辰日，农历三月初三为王母娘娘的诞辰日，农历五月十八为天师（张道陵）诞辰日等，都要举行隆重的仪式，设坛诵经礼忏，祝颂圣诞。道观的周围随着历史的发展也自然形成经济文化的庙会集市，并且相沿成习，成为代代相传的民俗。

道教仪式有一个非常显著的特点——使用音乐，称为道教音乐。道教音乐已有1500余年的历史，它包含独唱、吟唱、齐唱、鼓乐、吹打乐和器乐合奏等多种形式。它不断更换，灵活组合，渲染和烘托仪式中的宗教气氛，让人去意会飘然、脱尘、步仙的感觉。它既是对中国古代音乐的继承，又同中国的民间音乐保持血肉的联系，是中国传统宗教鲜明特点之一。

道教的宫观

宫观指道士修道、祀神和举行宗教礼节的处所，是道宫和道观的合称。今天，不少宫观已成为令人向往的旅游胜地。我国著名的道教宫观有以下十四处。

楼观　　在陕西周至县，是道教最早的宫观。

太姓宫　　在河南鹿邑，传说是老子诞生地。

上清宫　　在江西贵溪县龙虎山。为道教正一道著名宫观之一。是天师道的中心机构所在地，统领南方的正一道。四川青城山上也有上清宫。

青羊宫　　在四川成都市，现尚存部分殿宇、八卦亭等建筑，并遗有铜羊、铁瓶等古物和降生台等古迹。如今每年举办花会，享誉全国。

玄妙观　　在江苏苏州市。

万寿宫　　在江西南昌市。

元符宫　　在江苏句容县茅山积金峰下，为江南道教圣地，日军侵华期间被毁。

洞霄宫　　在浙江余杭县。

朝天宫　　在江苏南京市。

白云观　　在北京市内。是道教全真第一大丛林，现中国道教协会驻地。

永乐宫　　在山西芮城县。相传为吕洞宾的诞生地。

重阳宫　　在陕西户县。原为道教全真道创始人王重阳埋骨处。为全真道三大祖庭之一。

真武庙　　在湖北武当山中。

祖庙　　在广东佛山市。内供真武帝君，对东南亚有很大影响。

三、伊斯兰教

伊斯兰教于公元7世纪兴起于阿拉伯半岛。由穆罕默德创立，唐代传入我国。伊斯兰教传入中国后，经历了长期的发展和演变的过程，对我国信奉伊斯兰教各民族的政治、经济、文化、生活方式等都产生了深远的影响，同时，也使我国的伊斯兰教具有明显的中国特点和民族特色。

伊斯兰教在中国旧时称为回教、清真教、天方教等。我国新疆、宁夏、甘肃、青海、云南等地的回族、维吾尔族、哈萨克族、乌兹别克族、塔吉克族、撒拉族、柯尔克孜族、东乡族、保安族等少数民族多信奉伊斯兰教，约有1600多万人口。

《古兰经》是伊斯兰教唯一的根本经典，古兰的原意为诵读或读本。14世纪20年代，《古兰经》传入中国。

伊斯兰教的教徒通称为穆斯林。穆斯林是阿拉伯语的音译，原意为顺从者。从事伊斯兰教的宗教职业者和具有伊斯兰教专业知识者通称为阿訇。它是对伊斯兰教学者、宗教家和教师的尊称。在我国，一般在清真寺任职并主持清真寺教务的阿訇被称为教长或伊玛目。伊斯兰教的功修，内容十分广泛。最主要的可概括为念、礼、斋、课和朝五大功修。

伊斯兰教规定：凡理智健全的成年穆斯林，身体健康、路费充裕、家人生活安定、身无外债、往返旅途安全，无论男女，符合以上条件者，一生都应前往麦加集体朝觐一次，称为大朝。去进行大朝，必须在规定的时间和程序中去完成。此外，还有小朝，小朝可在大朝时间以外的任何时间单独进行。

清真寺是伊斯兰教建筑群体之一，也称为礼拜寺。它是阿拉伯语“麦斯吉德”的音译，原意为叩拜的地方。

我国的清真寺主要由大殿、讲经堂和水房（即净礼的地方）组成，大的清真寺还设有望月楼和宣礼楼等。

清真寺是穆斯林举行宗教功课、举办宗教教育和宣教等活动的场所。进入清真寺要衣着端正、洁净，不露羞体，不抽烟，不讲污言秽语，不唱歌跳舞，进入大殿要脱鞋，不能在清真寺里面放置偶像类的东西。

与穆斯林交往时，应注意不要把穆斯林禁食的东西作为礼品相赠；一般不主动与妇女握手、注目；交谈中，不要使用穆斯林所忌讳的词汇，对他们的宗教信仰和民族习惯要尊重，不要随便评论和使用贬义词。

伊斯兰教的传统节日和纪念日有开斋节、古尔邦节、阿术拉日、登宵节、拜拉特夜等。

我国著名的清真寺

我国的清真寺一般为宫殿式建筑，主要由大殿、讲经堂、水房、宣礼楼、望月楼等组成。礼拜正殿和壁龛背向麦加，以示跪拜朝向。在新疆、广东、福建等地也有少数阿拉伯式建筑。最著名的清真寺有：怀圣寺、清净寺、真教寺、化觉寺、牛街礼拜寺等。

怀圣寺，又名光塔寺。位于广州，是我国沿海最早建立的清真寺之一，与泉州清净寺、杭州真教寺并称为我国沿海伊斯兰教之三大古寺，迄今已有1300多年历史。

清净寺，又名圣友寺。位于泉州，是一座仿叙利亚大马士革礼拜寺建筑。造型雄伟壮观，具有浓厚的阿拉伯建筑风格，迄今已有969年历史。

真教寺，又名凤凰寺。位于杭州，是我国现存伊斯兰教五大古寺之一，始建于唐代，迄今已有1000多年历史。

化觉寺，又称东大寺。位于西安，规模巨大，殿宇宏伟，至少已有四五百年历史。

牛街礼拜寺，又称牛街清真寺。位于北京，是北京历史

最久、规模最大的清真寺，与前四寺合称为我国伊斯兰教五大古寺。迄今已有1000多年历史。

四、基督教与天主教

基督教是世界三大宗教之一。公元1世纪中叶，巴勒斯坦地区一部分犹太教信徒相信耶稣是救世主，逐渐与犹太教分离，这就是基督教的开端。公元2世纪上半叶，它发展成为一个独立的宗教。公元4世纪，罗马帝国将其定为国教。在中世纪，基督教成为欧洲封建制度的精神支柱。在漫长的历史中，基督教几经分裂，形成公教，即天主教、新教，即基督教、正教三大派和若干较小的教派。

因此，在基督教一词中有两个含义：广义的基督教是指所有信仰耶稣基督为救世主的上述各个教派；狭义的基督教专指新教。

基督教（新教）于1807年首次传入我国。帝国主义打开中国的大门后，将传教权列入不平等条约，基督教（新教）依仗殖民势力而得到发展。新中国成立后，中国的基督教（新教）走上了自治、自养、自传的“三自”道路，不再受外国势力支配。今天，中国的基督教（新教）有信徒500万，有两个全国性的团体：一是1954年成立的中国基督教三自爱国委员会；二是1980年成立的中国基督教协会。

中国的天主教是由罗马公教的传教士传入我国的，它的信仰、组织、教义以及奉行拉丁罗马礼仪等与世界各国的天主教会相同，这是它们的共性，同时，它与我国的文化相结合，又有与社会主义新中国的国情相协调的特点。我国的天主教信徒约330万，其特点是爱国、爱教、坚持独立自主、自办教会的方针，不受外国势力的控制和支配，与各国教会平等互利，交流共融。

广义的基督教信仰上帝创造世界并主宰世界，人类因始祖堕落而有“原罪”，个人在世上又犯有“本罪”，上帝派独生子耶稣基督降临人世，受难牺牲为人赎罪。在世界末日，凡信上帝和基督的人能得救升天，上帝与人是相通的，其媒介是运行在人世间的圣灵。

基督教和天主教同源，但两者分离已逾 400 年，在教义、神学、组织、制度、礼仪等方面，都存在不少的差别。从外部来讲，它们主要的区别在于：基督教所用《圣经·旧约》有 39 卷；天主教的则是 46 卷。我国的基督教对所奉至上神称上帝或神；天主教则称天主，天主教即因此得名。基督教和天主教的十字架都为横短竖长，但基督教的十字架上没有耶稣受难像，天主教则有。基督教不供奉圣母；天主教教堂和信徒家中都供奉圣母像，而且在圣母有无原罪的问题上两者意见各异。基督教称经常的崇拜活动为礼拜，形式灵活多样，讲道是一项主要内容；天主教的主要崇拜活动称为弥撒，以纪念耶稣受难牺牲，程式是完全固定的。基督教称崇拜场为礼拜堂，也可称教堂；天主教则称天主堂或教堂。基督教教堂内圣台布置较简单，一般铺白麻布，上置十字架、烛台、花瓶；天主教教堂设圣所（即弥撒间），上供圣体，点有长明灯作为标志，普通教徒不得入内，祭台布置华丽。基督教做礼拜时，讲道者站于前方的讲台上，唱诗班也在教堂前方；天主教正台弥撒时，讲经者则站于天主堂内特设的讲台上，唱诗班则在教堂后部的楼上。

基督教神职人员的圣衣较简单，形式也不一（有的教会根本不着圣衣），一般为白袍或黑袍；天主教神职人员的圣衣则较华美，形式和颜色都有严格规定。非基督教徒进入礼拜堂都要衣着整洁，谈吐文明，在室内免冠，不吸烟。由于礼拜堂在举行宗教活动时是对外开放的，所以非教徒不可在礼拜堂内宣传别的宗教，不可宣传无神论，不可讥讽教徒的宗教习惯。在众教徒祷告时，不可使用闪光灯。遇到圣餐礼拜，如要观礼，应主动靠后，若有人分给饼和酒则应拒绝。基督教徒视 13 为不祥的数字，有的基督教徒每逢周五不愿参加私人的喜庆活动，甚至在这天还有守斋的习惯。

基督教的主要宗教节日有圣诞节、复活节、万圣节等。

吉祥的数字——108

108是个吉祥的数字。中国古建筑中常有出现，如北京天坛栏板最下层是108块。祈年殿每层有石板108块。因108是9的12倍，而9是“天地之至”（最、极）数，始于一终于九，有至大至极，至多至高，至远至深之意，故视为吉祥。

在我国寺庙中，每逢除夕送别之际，要撞钟108下。在日本也有同样的风俗。据说撞钟108下代表一年之意，因一年12个月24气，72候，加起来正好是108。

《水浒传》中在梁山泊聚义的有108位好汉。即天罡星36人，地煞星72人。这是作者根据道教的北斗星中有36天罡星72地煞星的说法安排的。

佛教认为有108种烦恼，敲108下，人听之后便可消除解忧。

第七章 世界主要国家和地区的习俗及礼仪

学习目标

了解我国主要客源国的基本习俗及礼仪。

了解欧美国家有影响的传统节日。

了解外国礼俗中的基本禁忌。

社会的礼俗，是社会文明的重要标志，它反映了一个民族、一个国家、一个地区社会生活的丰富内容。由于历史传统、宗教信仰、民族心理、道德意识、审美观、自然环境等诸多因素的差异，世界各地人民在日常交往中就形成了各具特色的风俗、习惯和礼貌礼节。随着我国与世界各国交流的频繁，为进一步促进我国政治、经济、文化事业的发展和繁荣，了解、学习各国、各民族的习俗和礼节，了解各国、各民族的生活习惯、宗教信仰和禁忌。这将不仅有利于自身文化素养的提高，而且也会促进民间外交工作的顺利开展，加强与世界上其他国家人民的友好交往。

第一节　中国主要客源国的基本习俗及礼仪

一、亚洲

亚洲是世界最大的洲，有40多个国家和地区，人口约21亿，大约有三大人种：亚细亚人种、亚利安人种和马来人种。现在亚洲绝大多数居民信奉佛教和伊斯兰教，也有不少人信奉基督教。由于这些国家和地区在历史上大多与我国互相往来，关系密切，所以受我国古代文化影响很大，它们的礼节与我国有许多相近之处。

（一）日本

日本有樱花之国的美称，与我国隔海相望，是工业发达的多党制资本主义国家，也是我国旅游业最大的客源国。

历史上中日两国交往频繁，日本现在还保留着浓厚的我国唐代的礼仪、风俗，日本人的生活习惯、日常礼节与我国有许多共同点。

日本是个注重礼仪、在言谈举止方面重礼貌的国家。日本人办事认真，纪律性、时间观念、集体荣誉感都很强。

大多数日本人信奉佛教和道教，少数人信奉基督教或天主教。他们习惯晚睡早起，爱清洁、讲卫生。日本人饮食习惯较讲究，早餐喜喝稀饭、牛奶，吃面包，午餐喜面条或快餐食品，晚餐主食米饭，副食以蔬菜、鱼为主。日本人吃鱼的方法有很多，如蒸、烤、煎、炸等，还有吃生鱼片的习惯。日本人爱吃酱制作的菜，特别是酱汤、紫菜、酸梅等。食冷菜时，习惯在菜装盘后撒些紫菜末、芝麻、生姜丝、白糖，既是点缀和调味，也作为这盘菜没被人动过的标志。日本人喜吃清淡、油少、味鲜带甜的菜肴，爱吃牛肉、咸水鱼、虾、清水大蟹、鸡蛋、精猪肉、野鸡、海带、青豆、豆腐等。喜喝中国名酒，如绍兴酒、茅台酒等。

日本人到中国喜欢吃广东菜、上海菜、北京菜和不很辣的四川菜，但不喜欢吃羊肉、猪内脏、鸭子、鸽子及鸽蛋。日本人用餐很讲究。进餐时，盘坐或跪坐在一张矮餐桌旁的榻榻米上，当主宾开始拿起筷子，其他人才能拿起筷子进餐；带盖的饭碗放在左手边，用左手把盖拿起放在碗边，再用双手或一只手把空碗放在备用盘上盛饭，盛好饭后一定要把碗放回原处，然后再拿起筷子开始吃。如不把碗放回原处就吃，被看成是粗鲁无礼的行为。在大盘里夹菜，如没有公筷，可用自己筷子的另一端去夹。吃米饭时，习惯用筷子把米饭夹起来放进嘴里，而不是把饭碗送到嘴边用筷子把米饭扒进嘴中。如果把碗里的饭吃光了，就表示不再添了；在宴会上，表示需再添一碗时，应在碗里留一点饭。米酒是佐餐的饮料。吃过正餐就喝茶，传统做法是把筷子往茶杯中轻轻一蘸，清洗干净了再放回桌上或盘中，然后慢慢喝。喝完茶后，把饭碗、汤碗及其他用具放在放食品的碗盖上，并向主人表示感谢，轻轻鞠一躬。

同时，忌用同一双筷子给席上所有人夹取食物。日本人不用香烟敬客，而以酒待客。他们认为让客人自己斟酒是失礼的，以由主人或侍者斟为妥。斟酒的方式是：斟酒者右手持壶，左手托壶底，壶嘴不能碰杯口；客人则需用右手持杯，左手托杯底接受斟酒为有礼。通常，接受第一杯酒而不接受第二杯酒不为失礼。客人若善饮，杯杯都喝光主人会很高兴，并鼓励多喝，但主人和其他客人不陪饮。一人不喝时，不可把酒杯向下扣放，应等大家都喝完才能一齐扣放，否则会视为失礼。

日本的茶道、花道及其他一些礼仪

日本还有世界知名的茶道和花道。茶道是日本煮茶、品茶的特殊艺术，也是一种茶会交际礼仪。茶道一般是在面积不大的茶室举行，茶室中间放烧水的陶制炭炉和茶壶，炉前排列着茶碗和各种茶具。宾客入座后，茶师按一定规程用竹制小匙把茶叶放进碗里，冲入开水，整个过程中，点茶、冲沏、递送、加水、品茶都有一定的方式和规定。品茶人在饮前双手捧碗欣赏碗上花纹质地后方能饮下。茶道所用的茶略带苦味，故饮茶时常备一点甜点心。饮茶形式有两种：一是由全体客人轮饮，每人喝一口；二是每人各饮一碗。花道是一种插花艺术，是日本室内装饰艺术，是一种富有民俗乐趣的民间技艺。日本人注重礼节，一般场合不允许穿背心或赤脚，外出或正式场合穿西装、和服。日常生活中，人们大多彬彬有礼。相见时，礼貌用语会脱口而出，“拜托您了”、“请多关照”等是最常用的。初次见面鞠躬 90 度，而不一定要握手，只有见到老朋友才握手，有时还拥抱。问候礼鞠躬 30 度，告别礼鞠躬 45 度。男子对女宾客，只有在她们主动先伸手时才握手，但时间不太长也不过分用力。在室外一般不作长时间谈话，只限于互致问候。

日本一年中有许多传统节日，重要的有元旦，庆祝方式与我国相似；成人节（1 月 15 日），是满 20 岁青年的节日；5 月 5 日为男孩子节也叫端午节，它是从我国端午节演变而来的，庆祝方式与我国基本一样；3 月 3 日为女孩子节，又称雏祭；樱花是日本的国花，故有樱花节，从 3 月 15 日到 4 月 15 日，樱花盛开，男女老幼参加游园赏花活动和各种迎春、庆春活动。此外，还有敬老节（9 月 5 日）、文化节（11 月 3 日）等。

日本人忌讳绿色，认为绿色不吉祥；忌荷花图案；忌 4 和 9 等数字，因为日语中的 4 与“死”同音，9 的发音与“苦”相近；日本商人忌 2 月和 8 月，因为这两个月是营业淡季。日本人对饰有狐狸和獾的图案物品很反感，认为它们是贪婪、狡诈的象征。讨厌金、银眼睛的猫，认为看到这种猫要倒霉。日本妇女忌问私事，在日本，“先生”一词只限于称呼教师、医生、年长者、上级或有特殊贡献的人，对一般人称“先生”会使他处于尴尬境地。

（二）泰国

泰国盛产大象，并且特别珍视稀有的白象，他们认为白象是圣物和佛的化身。泰国90%以上的人信奉佛教，以小乘佛教为国教，有佛寺2万多座，仅首都曼谷就有400多座。世界佛教联谊会总部设在曼谷。泰国人民崇敬佛，按古老习俗，男子成年后必须去寺庙当至少三个月的和尚，即使王公贵族也不例外。和尚穿黄衣，故泰国有黄衣国之称。

泰国的华侨很多，主要是广东潮州籍，在其商业区既讲泰语又讲潮州话，招牌多用中文，华侨子弟都能讲中国普通话和家乡话。

泰国人的生活习惯、风俗人情与我国接近。主食为大米，副食是蔬菜和鱼。早餐喜欢吃西餐，午餐吃中餐。爱吃广东菜和四川菜，特别爱吃辣味食品，而且越辣越好，还喜食鱼露，不爱吃红烧的菜，菜中不习惯放糖，忌食牛肉。他们最爱吃的是具有民族风味的咖喱饭，它是用大米、肉片（或鱼片）和青菜调以辣酱油制成的。爱喝白兰地兑苏打水，喝啤酒、咖啡和红茶时爱吃干点心和小蛋糕。饭后有吃水果的习惯，但不吃香蕉。

泰国人热情友好，对人尊敬，很讲礼貌。常用礼节是行合十礼，双手合十于胸前，微微低头，互致问候。晚辈向长辈行礼，双手合十举过前额，长辈还礼时，手不高过胸，晚辈双手举得越高表示越尊敬对方。泰国人也行跪拜礼，但要在特定的场合，如平民、大官直至总理拜见国王及其近亲时跪拜，叩拜高僧时也须下跪，儿子出家为僧，父母也要跪拜于他。长者在座，其他人就地蹲跪，头部不得超过长者、尊者头部，否则是极大的失礼。从坐着的人身边经过时，要略微躬身以示礼貌。在接受他人礼物或拿取东西时都要用双手，以表示慎重有礼。进入寺庙，须衣冠整洁，进入庙内要脱帽脱鞋，以示对神佛的尊重，穿背心、短裤不许出现在寺庙内。

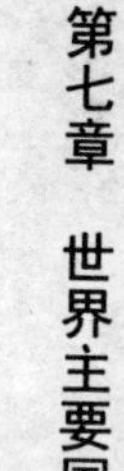

泰国的节日多与佛教有关，主要的节日有元旦，又称佛历元旦，庆祝仪式非常隆重。送干节也称求雨节（每年3月至5月），与缅甸的泼水节相似；水灯节又称佛光节，每年公历11月间举行；每年5月泰国宫廷举行春耕礼，这是由国王亲自主持的泰国宫廷大典之一。泰国民间在农闲时有斗鸡的习俗。泰国还有一种独特的拳术叫摩易泰，既是体育比赛项目，也是健身自卫的武术，几乎人人都会。

泰国人非常重视头部，认为头是智慧所在，是神圣不可侵犯的。摸人的头是对人极大的侮辱，打小孩子的头，则认为小孩要遭不幸。传递东西不能用左手，认为左手是不洁的。泰国人睡觉忌讳头向西方，他们认为日落西方，象征死亡。不许用红笔签字，因为意味死亡。忌脚底向人和在别人面前盘足而坐，忌用脚把东西踢给别人，忌用脚踢门或用脚指东西给别人看。就座时，忌跷腿。妇女就座时双脚要并拢，否则被认为无教养。在泰国仍有男女授受不亲的戒律。他们还认为门槛下住着神灵，不准踩门槛。在泰国所有的佛像都是神圣的，未经许可不能拍照。

（三）新加坡

新加坡意即狮子城，面积很小，由新加坡岛及其附近的54个小岛组成，是一个风景秀丽、享誉世界的“花园城市”国家。该国旅游业发展很快，每年接待外国旅游者人数已超过本国总人口。该国经济发达，人均国民生产总值在亚洲仅次于日本。全国人口中华人占76.4%。新加坡人多信奉佛教，也有信奉伊斯兰教、印度教和基督教的。因华人多，在语言、文化、风俗习惯方面都保留着中国传统。新加坡华人来中国旅游多到佛教寺庙跪拜，捐献香油钱。新加坡人有在室内念经的习惯，此时，千万不能去打扰。讲卫生，讲礼貌，为其行为准则，在该国随地乱扔弃物者要受到法律制裁。

新加坡人的生活水平较高。来我国旅游的人爱吃广东菜，工程师、医生等知识分子早餐喜欢吃西餐。主食爱吃米饭和包子，不吃馒头，副食为鱼虾，爱吃炒鱼片、炒虾仁、油炸鱼等，下午爱吃点心，不信佛教的人爱吃牛肉，爱吃桃、荔枝、生梨等水果。

4 月 17 日为新加坡的食品节，食品店都要制作精美的食品迎接节日，国家和个人都要举行各种庆祝活动。新加坡人特别讲究礼节礼貌，对人彬彬有礼。礼貌服务做得好，服务质量高，成为旅游业得到迅速发展的重要原因之一。华裔新加坡人在礼貌礼节方面都与中国相近，而且还保留着许多我国古代遗风。如两人相见要相互作揖，一般见面礼是鞠躬或握手，许多来我国旅游的人的国语讲得很好。

与新加坡人谈话，忌谈宗教与政治方面的问题，对人不说“恭喜发财”，他们认为此话有教唆别人发不义之财的意思，是挑逗、煽动他人干损人利己的事。

（四）印度

印度是一个多民族的国家，是世界四大文明古国之一，人口仅次于我国，居世界第二位。两千多年前中印两国就有友好往来。在印度，月亮被看成是一切美好事物的象征，所以，他们称自己的国家为月亮之国。

印度居民中，84%的人信奉印度教，11%的人信奉伊斯兰教，少数人信仰基督教。

印度人特别讲究卫生，每日沐浴而且只洗淋浴，认为浴缸里的水不洁。富裕而有教养的家庭，主妇做饭前必须洗澡，换干净的衣服。厨房被视为最神圣的地方，外人或未沐浴的家人是不可入内的。用餐前必须洗手。印度妇女在额部、眉间都点有一彩色的吉祥点，印度人称为贡姆贡姆，本来是表示婚嫁状况的，而在现代除了表示此种含义外，已成为妇女化妆美容的组成部分。

印度人以大米为主食，还以一种由多样原料做成的叫馕的烤饼和被称为恰派提的食品为主食，副食有羊肉、家禽肉、茄子、豆类、花菜、洋葱、西红柿等，最爱吃马铃薯。印度人爱吃咖喱及油爆、炸、烤的食物，不爱喝中、西式菜汤，不吃蘑菇、笋、

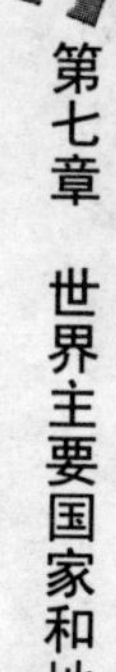

木耳、面筋之类的食物。喜欢吃辣，对中国四川菜中的鱼香类菜肴比较喜欢。信奉印度教和锡克教的人忌吃猪肉、牛肉。印度教徒中素食者较多，地位越高的人荤食者越少。吃饭时，几乎都用右手的拇指、食指、中指抓饭、吃菜，忌用左手。常饮用生冷水。他们一般不喝酒，爱喝茶。饭后还喜欢嚼一种被称为唠的槟榔叶卷。

印度上层人士的生活特性在许多方面与英国相似。

到印度人的寺庙或住宅，进门要脱鞋。晚辈对长辈行礼是弯腰摸长者的脚；妻子送丈夫出远门，最高礼节是摸脚跟和吻脚；对贵客，主人要献花环，套在客人的脖子上，花环大小视客人身份而异，献给贵客的花环很粗大，长过膝，送一般客人的花环长到胸。印度男子相见行握手礼，有时用传统的佛教合十礼。男女不握手，行合十礼或鞠躬礼时，不能碰女人。印度妇女一般不见陌生男子，一般关系的男女不能单独谈话。印度人用摇头或向左歪头表示“是”，点头表示“不是”。

印度的主要节日有国庆节（1 月 26 日）和独立节（8 月 15 日）。传统节日中较有名的有洒红节、十胜节、灯节等。洒红节又称泼水节，在公历二三月举行，时值冬去春来之际，因此也称春节。这一天从清早开始，不分男女老幼，认识与否，一见面互相浇泼红颜色的清水，衣服湿透仍不肯停止；亲友之间在对方的额头上点吉祥痣；到晚上，点燃篝火，尽情歌舞，直到天亮。十胜节是印度教三大节日之一，于每年 9～11 月举行，据说是纪念罗摩王子战胜十首魔王的节日。庆祝时间为十天，前九天是连续演戏，内容多是罗摩的故事，到第九天为高潮，要焚烧魔的纸身。灯节在 10 月到 11 月举行，庆祝 3 天，据说是纪念罗摩打败十首魔王返回，家家户户张灯迎接他。节日期间，各种彩灯通明，爆竹声四起，熙熙攘攘的人们口念“罗摩、罗摩”，表示吉祥祝福之意。节日夜晚要吃丰盛的团圆饭，饭后乘兴走向街头，尽情歌舞，其热闹隆重程度不亚于十胜节。

印度人把牛奉为神圣之物，故特别忌讳吃牛肉和用牛皮做的东西；崇拜蛇，打死蛇是触犯神；忌用浴盆给孩子洗澡，认为盆中水是不流动的死水，是不吉利的；忌用左手握手、递东西和取食；忌众人在同一食盘中取食；忌鹤和龟的图案。

印度妇女的“吉祥点”

许多印度妇女在她们的额部靠近两眉中间涂饰一个彩色的圆点，印度人称为贡姆贡姆，我们中国人则称它为吉祥点。印度人举行婚礼，只有在新郎给新娘的额上装饰吉祥点之后，婚礼才算完成。今日的印度，吉祥点不分宗教、出身和社会地位，已成为妇女化妆和美容的组成部分。

（五）菲律宾

菲律宾在历史上长期沦为西班牙和美国的殖民地，因而礼节习俗和生活习惯受这两个国家影响很大。该国主要是马来族人，还有华侨和华裔菲律宾人等。菲律宾90%以上的人信奉天主教，少数人信奉伊斯兰教。

菲律宾的主要节日有元旦（12月30日），这一天是菲律宾民族英雄何塞·黎萨尔就义日，为了纪念他，便把这一天定为新年元旦；血盟节（5月18日开始），庆祝活动为期一周，纪念中菲人民历史久远的“歃血为盟”的友好交往，最后一天政府官员、公司工作人员、土著人都参加化装游行，使庆祝活动达到高潮。

70%的菲律宾人以大米为主食，25%的人以玉米为主食，副食主要是肉类、海鲜和蔬菜。烹调受西班牙影响，喜欢用香辣调味品，具有代表性的菲律宾名菜有咖喱鸡丁、虾子煮汤、肉类炖蒜、香蕉心炒牛肚、炭火烤小猪等。菲律宾人特别喜欢喝啤酒。

菲律宾人热情好客，见面时，无论是男女都行握手礼，也有男子之间见面拍肩膀表示亲热。

马来族人忌讳用手摸他们的头和背，认为触摸头部是对他们的不尊敬，触摸背部会给人带来厄运；忌用左手赠物、进餐，认为左手不洁。

二、欧洲

（一）英国

英国是个岛国，绝大部分人信奉基督教，只有北爱尔兰地区的少部分人信奉天主教。英国人礼仪中最欣赏自己的绅士风度，这种绅士风度对欧美人影响很大。他们性格内向、含蓄、富于幽默感、不苟言笑、遵守信义、讲文明、重礼节，喜欢别人称他们的世袭头衔或荣誉头衔，若没有的话，至少要用先生、夫人、阁下等称呼。见面时，对初次相识的人行握手礼。日常生活中也非常注意庄重的仪表、谨慎的态度，不喜欢别人问及个人生活的问题，如职业、收入、婚姻等。喜欢住大房间并愿独住，不愿别人干扰个人生活，不经约定或邀请去拜访是非常失礼的举动。英国人很尊重妇女。

英国人在饮食上无什么禁忌，烹调方法以烧、煮、蒸、烤为主，调味讲究清淡、酥香，不爱食辣，较爱吃中国菜。有些讲究的英国人一日四餐，早餐丰盛，一般吃麦片、三明治、奶油点心、煮鸡蛋、饮果汁或牛奶；午餐简单，通常是烤肉、面包、沙拉、土豆等；午后茶点在下午4～5时，也算一餐，一般是茶、面包、点心等；晚餐是正餐，也最为讲究，用餐时对服饰、座次、用餐方式都有严格的规定。

英国人每餐都喜欢吃水果，常饮葡萄酒和冰镇的威士忌苏打水，也喝啤酒，一般不喝烈性酒。晚餐喜欢喝咖啡，夏天爱食果冻和冰淇淋，冬天爱吃蒸的布丁。

英国人对茶特别感兴趣，早晨起床要喝一杯浓红茶。倒茶前，要先往杯子里倒入冷牛奶，加点糖，若先倒茶后倒奶会被人认为无教养。

英国除有宗教节日和地方性节日外，全国性的节日以国庆和新年之夜最热闹。国庆定在英王生日那天。新年之夜家家合家团聚，聚餐饮酒，为辞旧迎新要唱辞岁歌。英格兰人的新年礼物是煤炭块，走亲访友进门放块煤在主人的炉子里，并说“祝你家的煤长燃不熄”。

英国人对数字除忌 13 外，还忌 3，特别忌讳用打火机或火柴为他们点第 3 支烟。一根火柴点完二支烟后及时熄灭，再用另一根火柴点第 3 个人的烟，这样才不失礼。与英国人谈话，忌两腿张得过宽或跷二郎腿，站着谈话不能把手插入衣袋。忌当着英国客人的面耳语，不能拍打肩背，忌用人像做商品装潢。英国人认为大象是蠢笨的象征，把孔雀看成淫鸟、祸鸟，不能以它们为图案；认为百合花意味死亡，不能送人。

（二）法国

法兰西共和国是西方发达国家之一，工业生产居西方前列，也是世界闻名的奶酪之国。大多数法国人信奉天主教，少数人信奉基督教和伊斯兰教。

法国人一般性格爽朗，乐于助人，热情、乐观，爱与人交谈，爱好音乐、舞蹈，特别爱美，尤其是妇女最爱打扮，对化妆品看得很重，仅口红就有早、中、晚之分。衣着讲究，追求时髦，法国服装闻名于世。法国文化发达，古迹甚多，仅巴黎地区就有 800 多处文化古迹，60 多座各类博物馆，如蓬皮杜文化中心、埃菲尔铁塔、凡尔赛宫、罗浮宫、凯旋门、巴黎圣母院等，使法国人感到十分骄傲、自豪。

法国人的早、午餐比较简单，而注重晚餐。早餐一般吃面包、黄油，喝牛奶、浓咖啡；午餐常吃炖的菜如牛肉、鸡、火腿、鱼和焖龙虾等；晚餐很丰盛。爱吃素菜和海鲜，对各种新鲜蔬菜都喜欢，不喜欢辣味，爱吃冷盘，对冷盘中的菜习惯自己切着吃，不喜欢吃汤菜，家常菜是牛排和土豆丝，鹅肝是法国的名贵菜。法国人每天都离不开奶酪，餐餐离不开水果，讲究菜肴与酒搭配，吃什么菜配什么酒，喜欢喝啤酒、葡萄酒和苹果酒，常饮牛奶、红茶和咖啡。

法国的烹调技术和菜肴闻名于世，烹调用料广泛而讲究，制作精细，色泽鲜美，装饰美丽，品种繁多。菜肴以美味可口出名，调味时用酒较重，并有许多讲究。口味喜肥浓、鲜嫩，肉菜不烧得太熟。

法国的民间有一种习俗：认为元旦这天的天气可预兆一年的年景，刮南风预兆风调雨顺，刮西风预兆渔业、奶牛场丰收，刮东风预兆水果高产。根据一年前12天的情况，预测一年中每个月的天气，每天象征对应一个月。

法国富有民族特色的节日有很多，如鸡鸣节、万灵节、体育节等。鸡鸣节是法国北部地区的节日，过节时，当地养鸡人手持木棍，带一只关在笼内的雄鸡，聚集在市中心街道旁，举行雄鸡啼叫比赛。比赛时间为两小时，鸡每叫一次，在其主人的木棍上画一条线作为记数，最后看谁的鸡叫的次数多，便是这次比赛的冠军。获得冠军的鸡得一份营养丰富的饲料，其主人得一份啤酒。万灵节又称诸圣节，每年11月1日举行，这天人们到先辈坟墓祭奠献花，凭吊为国捐躯的先烈。体育节在每年3月的第一个星期日进行，它最先是由国家心脏学基金会发起的活动，又称心脏健康之路，以后参加的人越来越多，便成为全国公认的体育节。

法国人爱花，去朋友家做客，总忘不了送上一束鲜花：不可送菊花和黄色花，在法国送菊花表示对死者的哀悼，黄花意味着不忠诚。仙鹤是蠢汉和淫妇的同义语，而黑桃图案和墨绿色则令人厌恶。

（三）意大利

意大利属于经济发达的国家，古罗马的教堂多、喷泉多和雕塑多，有几个闻名于世的古城，有许多吸引人的古建筑和现代艺术品。游览设施、旅游资源丰富。居民中绝大多数信奉天主教。意大利人朴素、豪爽、乐观、爱好音乐和艺术，业余俱乐部遍及城乡。意大利历史上曾出现过许多伟大的艺术家，现代意大利人颇懂得美的装饰，待人接物颇具艺术情调。见面时行握手礼或用手示意。大学生毕业后都有头衔，喜欢别人称呼他们的头衔。

意大利的烹调艺术具有悠久的历史，被誉为西菜烹调艺术之母。在烹调方法上，多用炒、煎、炸、红烩、红焖等，菜肴具有味浓、原汁原味的特点。意大利人喜欢吃米饭和面食，面食种类繁多，仅空心粉做的面食就有40余种。世界上流行的意大利薄饼是方便食品中的佼佼者；还有闻名于世的沙拉米香肠；意大利人喜食海鲜，来我国旅游的人喜欢粤菜和不太辣的四川菜；餐后喜欢吃水果。

意大利人早、晚饭比较简单。早晨喝咖啡，也有人喜欢喝酸牛奶。午饭为一日正餐，要吃二三小时。酒是意大利人离不开的饮料，特别是葡萄酒，不论男女，几乎每餐都饮。意大利人过基督教三节的盛况为世界瞩目。狂欢节之夜，当夜幕降临，华灯初放，人们便走向街头，燃放爆竹和焰火，甚至鸣放真枪实弹，爆炸声震耳欲聋，硝烟弥漫，在烟火中，男女老少尽情欢歌跳舞。到午夜12时，家家户户都将瓶子、花盆等扔到屋外摔得粉碎。意大利的狂欢节在每年2月中旬进行，比德国的狂欢节时间短，也不同于巴西的狂欢节，在世界上是很有名的。此外，还有罗马建城节（4月21日）、情人节（2月14日）等。

意大利人忌菊花，因为菊花只在祭坟扫墓时才用。

三、南北美洲

（一）美国

美国是一个经济发达的国家，又是一个移民国家，其中85%的人是白人，华侨约49万，居民中有30%的人信奉基督教，21%的人信奉天主教，也有信奉东正教和犹太教的。

美国人一般性格开朗，乐于与人交际，比较浪漫，喜欢新奇，重视实利，独立性和自由平等观念强，又以不拘礼节著称。如果别人向他们行礼，他们也用相应的礼节还礼，如握手、点头、行注目礼、吻手礼等，只对特别亲近的人才行接吻礼，而且只吻面颊。

美国人的烹调技术是以煎、炒、烤为主，菜的特点是生、冷、淡，即生菜多（即使煮了也不会很熟），冷菜多，烹调时几乎不放佐料，上桌后自己选择放。美国人的口味是咸中带甜。

美国人喜欢清淡，多数吃西餐，也喜欢吃中餐。中式餐馆在美国大多数城市几乎都有，尤喜广东菜、四川菜、北方的甜面酱、南方的海鲜酱等。

饮料在美国人的生活中占重要地位。不喜欢喝茶，爱喝矿泉水、冰水、可乐及啤酒，爱把威士忌和白兰地加水、加冰块后当茶喝。餐前饮番茄汁和橙汁，以增进食欲，饭时饮汽水、啤酒或葡萄酒，饭后饮咖啡，若喝茶则要放上蜂蜜、柠檬、冰块制成的具有甜、酸、涩三种滋味的清凉饮料，一般不饮烈性酒。

美国的主要节日有圣诞节、复活节、母亲节、父亲节、植树节等，还有一个北美独有的感恩节。感恩节为11月第4个星期的星期四，据说在1620年，102名英国清教徒为了摆脱宗教政治的迫害，从英国乘“五月花号”木船，漂洋过海于11月21日到达美国马塞诸塞州东南方的普利茅斯登陆定居。他们缺衣少食，饥寒交迫，又有疾病，多亏印第安人慷慨相助，送来食物、工具，教他们盖房子、种玉米。第二年秋天，他们获得了丰收，于1621年11月的一天，他们准备了丰盛的欧式饭菜，自制了啤酒，热情的印第安人又送来了火鸡，大家一起聚餐庆祝，一连三天歌舞，以后就形成了感恩节。

美国人忌吃动物内脏和动物的趾；忌13、星期五；忌用蝙蝠作为图案的商品、包装品，认为它是凶神的象征；忌一般情况下送厚礼；忌问个人财产和收入；对妇女忌问婚否、年龄；忌送香水、化妆品或衣物（可送头巾或手帕）。

（二）加拿大

加拿大人不像美国人那样随便，见面礼是握手，要求准时赴约。居民主要信仰天主教和基督教，饮食习惯与美、英、法相似，喜欢喝各种果汁，如西红柿汁、菠萝汁、鲜橙汁、柚子汁以及可乐、啤酒等；口味偏甜酸，喜欢清淡食品，晚餐爱喝清汤，一般不用酸、辣味的调味品。

加拿大的主要节日有元旦、枫糖节、冬季狂欢节等。加拿大人视瑞雪为吉祥的征兆，过元旦要把道路上的积雪堆积在住宅的四周，认为这样可以防止妖魔鬼怪侵入。每年的三四月间有枫糖节，它吸引着千千万万的游客，特别是小孩。节庆期间，许多保留有早年印第安人制糖方法的农场，沿用古老方法，为游客表演制糖工艺。加拿大的冬季狂欢节，如魁北克城，每年从二月份的第一个周末起，为期10天，规模盛大，内容丰富多彩。人们筑起冰的城堡，冰雕艺术品，冰雕比赛是狂欢节主要内容之一。节庆期间，市民们还要推选一位“魁北克冬季狂欢节之王”，作为该市的临时“统治者”，他的服饰为一身洁白，打扮得像雪人一样，负责主持、接待，欢迎参加狂欢节的游客。

加拿大北部的爱斯基摩人的审美观很特别，心目中的“美女”是鼻子小的姑娘。恋人之间表示亲昵是互相摩擦鼻子，有“抢婚”的习俗，但要姑娘同意，结婚后无离婚或遗弃妇女的现象。

加拿大人忌吃各种动物内脏，不食肥肉。鲜花是最普遍的礼

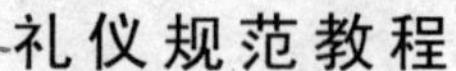

物，但忌送百合花，因为它只用在追悼会上。

枫糖节

加拿大盛产枫树，其中以东南部的魁北克和安大略两省的枫林最多、最美。每当三四月间春意犹浓之时，一年一度的枫糖节就开始了。几千个生产枫糖的农场粉饰一新，披上节日的盛装，它吸引了千千万万的游客，尤其得到孩子们的欢迎。

有些农场还专门保留了早年印第安人采集树液及制作枫糖的器具，沿用古老的制作方法，为旅客表演制糖的工艺过程。甚至还在周末免费供应枫糖糕和太妃糖，供人品尝。

（三）墨西哥

墨西哥被称为仙人掌之国，全世界已知仙人掌有 1000 多种，在墨西哥就有 600 多种。墨西哥人认为仙人掌是祖国的象征。

在墨西哥有一个美丽动人的传说：很久以前，墨西哥遭受异族入侵，一位青年的母亲被杀害，青年为替母亲（喻祖国）报仇，同侵略者进行了英勇搏斗，最后不幸被俘，侵略者挖出青年的心，掷在地上，这颗红心便长成了仙人掌。墨西哥有相当一部分国土气候干燥，草木不长，唯有仙人掌能傲旱独生，顽强地茁壮成长。墨西哥人爱仙人掌这种顽强勇敢的精神和可贵的气质。在农村，人们喜欢在门前、屋旁栽种仙人掌，国旗、国徽和货币上，都有仙人掌的图案。

墨西哥人的许多饮食都离不开仙人掌，如熟透的仙人掌果多汁清甜，是解暑佳品，在宴会上把它与菠萝、西瓜等瓜果并列，还用仙人掌叶做蔬菜。墨西哥定期举办仙人掌展览会，展品各异，千奇百态，美不胜收。

墨西哥富有民族特色的节日主要有扫墓节、圣船节、军事狂欢节等。扫墓节（11月2日），当天停止办公，人们或在家设祭坛，摆上祭品，追忆和悼念逝世的亲人；或带上祭品、鲜花为亲人祭祀扫墓。祭品中有一种骷髅糖，墨西哥人认为是很好的礼品。祭祀后还按印第安人的习惯戴假面具狂欢跳舞。圣船节，在盛夏举行，是墨西哥古老文化象征，其间举行划船比赛。船队的首船上置圣佩德罗和圣巴勃罗圣像，再后面大船上是圣母像，再后面是乐队船和数百条小船。比赛开始由神父发布号令，圣佩德罗船总是划船竞赛的必胜者。比赛结束时常举行庆祝活动。军事狂欢节，每年2月底举行，是为纪念墨西哥1826年抗法斗争的民间节日。庆祝活动十分热闹，燃放烟花爆竹，鸣枪，象征性地表演对法军的抗击战。

墨西哥人中的印第安人和吉卜赛人的婚俗很特别，印第安人的恋爱由女子采取主动，姑娘如果看中哪家的小伙子，就往那家扔石子。过特斯吉纳节时，姑娘偷了小伙子头上的汗巾或脖子上的项圈就跑开，则表示她有意于小伙子，小伙子如紧追不放，则表示同意了。吉卜赛人的婚礼由“头人”主持。先给新婚夫妇吃一口拌了盐的面包，然后新郎新娘用同一把匕首在各自左手腕上画个叉形十字，头人把他们流着血的伤口压在一起，象征着爱情的融合，能经受住各种严峻的考验，所以，已婚男女手腕上都有这种伤痕。

（四）巴西

巴西人的礼节颇富民族特色。他们对客人最尊敬的礼节是请客人同主人一起洗澡，洗的次数越多，表示礼节越周到、越客气，做一天客，往往要和主人一起洗十多次澡。

在巴西人生活中，足球占有很重要的地位。假日里，各种大小的球满街跳，车辆、行人都要让路，在无球门的空地上，不同肤色

的青年赤着脚进行足球比赛。在巴西处处有足球，时时有足球。男女老幼都爱看足球赛，即使是大雨滂沱，比赛场内仍是座无虚席。

巴西印第安妇女的发式比时装更重要。她们常用发式表示自己的年龄、社会地位或其他情况。如博罗罗族妇女，以削发表示服丧；阿皮纳族妇女以留长发表示丈夫出远门，丈夫一回来，妻子立即剪短，梳成发髻。

巴西人接到礼物总是要当面打开看一看，致谢后收下。买礼品时，要把原包装纸剪掉一点才拿走，认为包装纸象征运气，不剪掉一点会把别人的好运气带走，是很不礼貌的。

巴西具有民族特色的传统节日很多，如独具风格的狂欢节、基隆博节，沙万特人的穿耳节、元旦等。元旦夜晚，当时钟敲过11下后，男女老少，全家出动，手举火把，唱着欢快的歌曲，涌向山林，四处追寻能使他们得到幸福的果子。那果子是一种不易生长极稀有的“金桦果”，一直被巴西人视为幸福种子的象征。元旦夜晚找到这种果子的人，如获至宝，全家皆大欢喜，立即带回家，精心培植，以盼望幸福生活的到来。

狂欢节（2月20日），是巴西最具民族特色的传统节日。里约热内卢持续三天的狂欢活动最为壮观。到处装饰一新，不分男女老少，化着妆，跳着欢快而热烈的桑巴舞，所有的人都沉浸在欢乐、兴奋和激动之中。舞蹈艺术家们表演着各种精彩节目，有神话故事、民间传说等，尤其是巴西黑人扮演的风神、雨神、雷神、电神、海神、爱神等，充满了神奇色彩。音乐家们每年要为狂欢节创作新舞曲、进行曲和抒情歌曲。在每一组舞蹈和表演队伍里都有一位选出的“国王”和“王后”，他们的表演妙趣横生，使狂欢的人们始终处于高昂的情绪之中。巴西每年狂欢节都要由旅游部门、各俱乐部、桑巴学校等单位选出代表，组成评委会，评选优秀的乐曲、歌词、舞蹈、化妆表演节目和最优秀的歌舞队伍，并颁发集体奖和个人奖。获奖的还要在规定的日子里向群众再举行一次街头演出。丰富多彩的狂欢节吸引了无数的外国游客，给巴西带来了一笔可观的外汇收入。

穿耳节又称牺牲节，是巴西印第安部落之一的沙万特人的传统节日，是考验男子能否成为保卫本部落传统的新战士的一种方式。沙万特男子从 12 岁至 18 岁期间，都要到远离部落的营地过集体生活，对他们进行精神和体魄方面的训练，教会他们打猎、捕鱼、编席、盖房、采集野果等活动。经过 7 年培养后，由部落老人委员会根据青年人的体格和道德精神的成熟程度，确定穿耳节日期。穿耳节那年，必须是丰收年。穿耳前，沙万特青年男子要经受各种考验。他们在经历穿耳节的考验后，方可以结婚、独立谋生，或迁换村庄，或留在营地当教父。穿耳节的耳棍和父亲给的圆木棒，则成为沙万特印第安人的标志。

四、大洋洲和非洲

（一）澳大利亚

澳大利亚拥有一块得天独厚的土地，有海洋性的温暖气候和大片天然牧场，羊毛产量占世界三分之一，资源丰富、出口商品多、工业发达、人民生活水平很高，是我国主要旅游客源国之一。

在澳大利亚，欧洲人占 90%以上，他们把西方的文明带给了南太平洋的最大岛屿。

澳大利亚人办事认真、爽快，喜欢直截了当，崇尚友善精神，乐于交友，平等待人，谦逊礼让，遵纪守时、惜时，尊老爱幼。如退休老人可凭退休证免费搭乘火车或公共汽车，电影院、剧场、音乐会、展览会、运动场、各种比赛等对老人半价优惠，电话租金、房地产税收也有特别折扣；寡妇除凭文件证明可享受与退休老人全部同等优待外，到各地商店和超级市场还可享受七五折优价；私生子、未婚妈妈都受到法律保护，可领分娩津贴，还可享受被遗弃补助金，直到正式结婚。澳大利亚政府规定，每人每年享有四个星期的有薪假期，还可领取按工资 17.5%计算的度假津贴。

澳大利亚人热爱体育运动。澳大利亚人最喜欢的是橄榄球，澳式橄榄球的扭斗夺球动作不像美式橄榄球那样粗野，但球员在场上不穿戴防护用具。澳大利亚还盛行板球、滚球、游泳、日光浴等。澳大利亚人还喜欢赌赛马。每个城市都有跑马场，到处设有TAB服务部，以出售赛马和跑狗的彩票。TAB是国营赌博机构。

澳大利亚人的饮食习惯与英国人相似，但喜吃中餐，口味喜欢清淡，不喜欢辣味，喜欢吃煎蛋、炒蛋、火腿、鱼、虾、牛肉等，烧西红柿是常吃的菜。无论中西餐，都喜欢用很多调味品。

澳大利亚的节日中，最独特的是圣诞节。时值该国仲夏，但却布置成严寒的隆冬景象，到处是冬日的雪景和挂满雪花的圣诞树，穿大皮袍的圣诞老人与大汗淋淋、只能穿背心、短裙的其他人形成鲜明对比，是世界上独一无二的庆贺景象。

（二）新西兰

新西兰是浩瀚的南太平洋上美丽的岛国，原是英国殖民地，后来独立。新西兰是发达的农牧业国家，畜牧业在农牧业中占有很大比重，畜产品的出口占出口总值的85%～90%，被称为畜牧之国。

新西兰人中的87%是英国移民，生活习俗与英国人大体一致。新西兰人喜欢分散居住，主要信奉基督教和天主教。

土著居民毛利人有不少有趣的风俗。毛利人从小受到父母严格的教育，养成懂礼貌，尊敬父母、长者和首领的习惯。他们相信灵魂不灭，崇拜神灵和祖先，崇拜首领是神圣的。其礼貌礼节与众不同：人到来，他们会集合、列队、肃立欢迎，经过难耐的沉默之后，一个光膀赤脚的中年人突然大喊一声，接着便领唱起来，唱完后，姑娘们翩翩起舞，舞完才与客人鼻尖碰三下。还有一种更为隆重的欢迎礼节，主人光着上身，系着草裙，画着脸谱，一面吆喝，一边持矛向客人挥舞而来，还一面吐舌头，走近客人时将一把剑或树枝扔在地上，客人应将它拾起来恭恭敬敬的拿着，不管主人有什么举动，客人都要面不改色地静候，待主人舞完，再双手举着奉还。这种特殊的欢迎方式是为了区别来的是敌人还是朋友，如果惊慌失措或逃跑则会被当做敌人。

（三）埃及

埃及地跨亚、非两洲，是亚、非人民之间交往的纽带，又是世界四大文明古国之一。通过了解埃及，我们可以获得亚洲和非洲阿拉伯民族的习俗和礼仪的基本知识。

埃及人大部分是阿拉伯人，信奉伊斯兰教，小部分是科普特人，信奉基督教。

埃及人普遍性格内向、敏感，常以幽默的心情应付严酷的现实生活。他们正直、宽容、热情好客。

埃及人在进食时，一般不许交谈。他们认为浪费食物就是对神的亵渎行为。埃及人的主食是不发酵的面做成的饼，拌以叫做富尔的煮豆白乳酪和汤，副食爱吃豌豆、萝卜、洋葱、土豆、南瓜、茄子等，爱喝红茶与咖啡。

对埃及人，无论收送礼物或递东西，均要用双手或右手，千万不能用左手。与他们谈话，内容可以是埃及有声望的领导人的事迹及埃及的古老文明，最好不谈中东政治和冲突。他们的休息日是星期五，在他们做礼拜时不要打扰他们。在穆斯林的斋日，从日出至日落，信徒们遵守绝食的教规，必须等日落后才开始进食。

埃及的节日除宗教节日外，具有民族特色的传统节日有惠风节、忠诚节等。惠风节，阿拉伯语“莎姆·纳西”，意即吸入和风。生活在尼罗河两岸的人民，由于特殊的地理位置和气候条件，他们习惯把全年分为冬夏两季，每年 5 月至 10 月是夏季，11 月至第二年 4 月是冬季。惠风节是从沙漠吹来干燥而又夹带沙尘的季风开始，标志着炎热的夏季来临了。从这一天起，人们脱下冬装，换上夏衣。每年 4 月下旬的这一天，人们早上 4～5 时起床，穿上节日新装，全家老少在尼罗河畔、金字塔下，迎着和风，尽情欢唱。在公园、广场的林荫下，席地而坐，享受着他们的节日野餐，

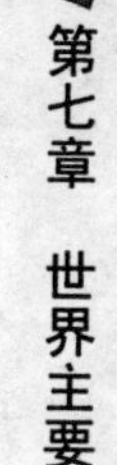

主要吃鸡蛋、腌鱼和生菜。据说鸡蛋是生命起源的象征，吃鸡蛋是吉兆；吃鱼是源自古埃及人对鱼的崇拜；生菜象征春天的葱绿，吃了能强壮身体，促进生育。年轻人戴着彩色帽子，拿着红绿纸糊的风车，在阿拉伯笛子、胡琴、手鼓等乐器的伴奏下，翩翩起舞，观者鼓掌助兴。一些民间艺人，蓄着长发，穿着卡拉比亚的阿拉伯长袍，打着手鼓，边歌边舞，向围观的群众讲述《天方夜谭》或其他有趣的故事。

埃及人过年，不像其他国家的人们那样是在定好的日子里，而是把太阳和天狼星一同升起的一天定为过年。

埃及人中，大多信奉伊斯兰教，教徒不吃猪肉、虾蟹和除肝以外的动物内脏等；忌饮酒；忌蓝色和黄色，视蓝色为恶魔，黄色是不幸的象征，遇丧事才穿黄衣服。

第二节　欧美地区有影响的传统节日

一、圣诞节

圣诞节是基督教纪念耶稣诞生的节日，也被称为耶稣圣诞瞻礼和主降生节。据说，古代罗马人敬太阳神，他们认为阳历 12 月 24 日是冬至日，这天日照时间最短，则 12 月 25 日便被象征性地看成太阳的生日。在罗马多神教内，这一天便成为太阳神的节日，祭祀太阳神，乞求太阳发出更多的光和热。到了公元 4 世纪，由于政治的原因，罗马帝国开始扶持基督教，使之成为罗马帝国统一的宗教，为了排斥异教的这种祭祀活动，把 12 月 25 日太阳神的节日改成耶稣诞生日，以扩大基督教的影响。

庆祝圣诞节的活动，最早是从公元 336 年开始在罗马城内举行。原只是基督教徒的一个宗教节日，以后随着基督教的传播，迅速扩大到世界各地，成为欧美民间的重大节日。由于历法不同，东正教规定 1 月 6 日或 7 日为圣诞节。据《圣经》记载，耶稣是夜里生的，于是圣诞节的庆祝活动从前一天（即 12 月 24 日）的夜间开始，半夜达到高潮。有的人彻夜狂欢，已婚子女均从各地赶来与父母团聚，全家欢乐异常；没有子女的老人往往到亲友家聚会。这一夜，教堂内灯火通明，基督教徒去教堂，举行纪念耶稣诞生的半夜弥撒，称为圣诞夜。庆祝圣诞节的传统活动，是颇受孩子们欢迎的，圣诞老人向他们分送礼物；摆设挂着各色彩纸和礼品的圣诞树；互送制作精美、构思各异的圣诞贺卡以示祝贺圣诞快乐；做圣诞食品，吃圣诞糕点，点燃圣诞蜡烛（此蜡烛制作精致、小巧、五彩缤纷），点圣诞柴火，以示喜庆，也象征光明；唱圣诞歌等。

二、复活节

复活节是基督教纪念耶稣复活的节日，也被称为耶稣复活瞻礼和主复活节。据《圣经·新约》记载，耶稣是在星期五被钉死在十字架上的，死后第三日（即星期日，基督教称主日）复活。公元 325 年，基督教尼西亚会议规定，每年春分月圆后第一个星期日为复活节，东正教复活节的具体日期比天主教、新教要迟两个星期。

在欧美国家，人们对复活节的重视仅次于圣诞节，许多国家放假一天或几天。复活节时，羊肉和火腿是基督教家庭传统的肉食；而兔子糖对孩子们则是必不可少的。基督教徒把羔羊看成是耶稣献身的象征，把猪看成是幸运的象征，把兔子看成是新生命的象征。节日期间，亲人团聚，驱车出游，丰盛美食，颇为热闹。如美国，在复活节的第二天，总统邀请客人们带着孩子到白宫参加滚彩蛋游戏。在英国要举行化装游行，有马戏团小丑踩高跷，有受孩子们欢迎的米老鼠，有孩子们装扮成维多利亚女皇时代的皇宫卫队，有民族风格的乐队。在墨西哥，有的地方焚烧犹大的模拟像。希腊有象征性的耶稣葬礼的活动等。

三、狂欢节

狂欢节是欧美各国的传统节日，起源于古罗马的维亚雷焦地区的农神节，发展于中世纪，盛行于当代。狂欢节的日期，各国不一，有的开始于元旦，有的开始于圣诞节或其他日子。即使同一国家，也有因地而异的情况，如德国的慕尼黑于 1 月 6 日开始过狂欢节，而科隆在 11 月 11 日 11 时 11 分欢庆狂欢节的到来。但多数国家在二三月间，气温宜人之时。意大利的海滨城市维亚雷焦是举世闻名的狂欢节胜地之一，拉丁美洲的巴西是世界公认的狂欢节之乡。

巴西的狂欢节是由葡萄牙人传入的，庆祝活动以里约热内卢最为壮观。节日期间，世界各地的游客纷至沓来，热闹非凡。全城大街小巷装饰一新，马路两旁搭起牌楼和一排排临时看台，在持续三天的狂欢节中，不管白天黑夜，不分男女老幼，人们穿着节日盛装，有的戴假面具，有的穿古装，有的画花脸，有的男扮女装，穿旱冰鞋，踩高跷，以乐队为前导，在乐曲伴奏下表演各种精彩节目。台上台下气氛交融，欢歌笑语不绝于耳，尤其是桑巴舞的旋律，更是响彻大街小巷。相传，桑巴舞起源于非洲西海岸，传入巴西后，吸收了葡萄牙人和印第安人的舞蹈艺术，演变为今日的桑巴舞。

四、情人节

情人节又名圣瓦伦丁节，起源于古代罗马，于每年 2 月 14 日举行，现已成为欧美各国青年人喜爱的节日。关于“圣瓦伦丁”

名称的来源，说法不一。有的说是纪念一位叫瓦伦丁的基督教徒殉难者，他因带头反抗罗马统治者对基督教徒的迫害而被捕入狱，于公元 270 年 2 月 14 日处死。行刑前，瓦伦丁给典狱长的女儿写了一封信，表明自己光明磊落的心迹和对她的一片爱慕之情。自此以后，基督教徒便把 2 月 14 日定为情人节。

古罗马时的情人节

古罗马的牧神节是为纪念牧神卢珀库的功绩，而在每年 2 月 14 日举行的节日。在这一天，人们总要做游戏和举行舞会，而每个男青年可在游戏中从一种签筒里抽出写有某个少女名的签片，被抽中的姑娘将成为他的情人，这一天就成了青年恋人的节日。在莎士比亚时代，情人节的一个重要风俗，就是将这天你看见的第一位异性（年龄必须相仿）当成你的情人。而以后的情人节则开始带着浪漫色彩，由欧洲漂洋过海传到了美洲。每当节日来临，青年们就忙着挑选礼物赠给心爱的人，最常送的礼物是印有象征爱情图案的圣瓦伦丁贺节片。

五、母亲节

母亲节源于古希腊的一种民间风俗，那时古希腊人每到春天都要举行一次盛大的庆祝活动，纪念传说中的众神之母赛比亚。

美国的母亲节是美国一位孤女安娜·嘉维斯创立的，通过她历尽艰辛的努力，经美国总统威尔逊签署同意，于 1913 年 5 月 10 日，美国国会通过决议，把每年 5 月的第二个星期天定为母亲节，以表示对所有母亲的崇敬和感激。

母亲节这天，家庭成员都要做各种使母亲欢乐和愉快的事情，

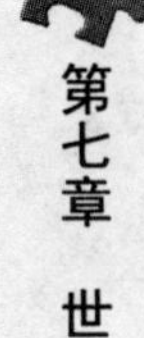

并向她赠送各种礼物表示祝贺。节日里，许多城镇青年聚集在一起，用康乃馨献给前来参加聚会的母亲们。第二次世界大战后，母亲节逐渐流传到世界各地，成为人们喜爱的节日之一。

六、父亲节

父亲节是美国的节日，为每年 6 月的第三个星期日。1910 年，居住在华盛顿的布鲁斯·多德夫人，在庆祝母亲节时，想到自己的父亲含辛茹苦把她和 4 个弟弟一手抚养大，便给州政府写信呼吁，建议设立父亲节，并建议以她父亲的生日为父亲节。1910 年，多德夫人在所在的斯坡堪市正式庆祝了这一节日。1972 年，尼克松总统正式签署关于设立父亲节的议会决议案，使它与母亲节一起成为人们尊敬双亲的节日。

参 考 文 献

1．金正昆．现代礼仪．北京：北京师范大学出版社，2006
2．李拧．礼仪修养．北京：高等教育出版社，1996
3．常建坤．现代礼仪教程．天津：天津科学技术出版社，2000

图书在版编目（CIP）数据

礼仪规范教程/李灵主编．—成都：电子科技大学出版社，2007.1

ISBN 978-7-81114-340-9

I. 礼…　II. 李…　III. 礼仪－专业学校－教材

Ⅳ. K891.26

中国版本图书馆 CIP 数据核字（2007）第 007147 号

礼仪规范教程

主　编　李　灵

出　　版：电子科技大学出版社（成都市一环路东一段 159 号电子信息产业大厦　邮编：610051）

责任编辑：曾　艺

发　　行：新华书店经销

印　　刷：四川墨池印务有限公司

成品尺寸：144mm×210mm　　印张 7.5　　字数 188 千字

版　　次：2007 年 1 月第一版

印　　次：2007 年 1 月第一次印刷

书　　号：ISBN 978-7-81114-340-9

定　　价：12.00 元

◆ 邮购本书请与本社发行部联系。电话：（028）83202323，83256027

◆ 本书如有缺页、破损、装订错误，请寄回印刷厂调换。

◆ 课件下载在我社主页 www.uestcp.com.cn“下载专区”

电子邮件：uestcp@uestcp.com.cn